Carla Montuori Fernandes

Os contrapontos eleitorais e os cinco "Brasis"

em Campanha pela Caravana JN

São Paulo, 2010

Os contrapontos eleitorais e os cinco "Brasis"
em Campanha pela Caravana JN
Carla Montuori Fernandes

Editor
Sebastião Haroldo de Freitas Corrêa Porto

Conselho Editorial
Barbara Heller
Carlota J. M. Cardozo dos Reis Boto
Célia Maria Benedicto Giglio
Daniel Revah
João Cardoso Palma Filho
Luiza Helena da Silva Christov

Projeto Gráfico
Caroline Silva

Capa
Juliana Signal

Revisão
Silvana Pereira de Oliveira

Dados Internacionais de Catalogação na Publicação (CIP)
(Câmara Brasileira do Livro, SP, Brasil)

Fernandes, Carla Montuori
    Os contrapontos eleitorais e os cinco "Brasis" em Campanha pela Caravana JN / Carla Montuori Fernandes. - São Paulo : Porto de Idéias, 2010.

    ISBN 978-85-60434-71-8

    1. Campanhas eleitorais - Brasil 2. Eleições presidenciais - Brasil 3. Jornal Nacional (Programa de televisão) 4. Poder (Ciências sociais) 5. Política 6. Telejornalismo - Brasil 7. Televisão - Programas I. Título.

10-03299   CDD-324.70981

Índices para catálogo sistemático:
1. Caravana JN : Rede Globo : Telejornalismo :
    Brasil : Campanhas eleitorais 2006 : Ciência
    política 324.70981

Todos os direitos reservados à
EDITORA PORTO DE IDEIAS LTDA.
Rua Pirapora, 287 - Vila Mariana
São Paulo - SP - 04008.060
Tel. (11) 3884-3814 - Fax (11) 3884-5426
portodeideias@portodeideias.com.br
www.portodeideias.com.br
twitter.com/portodeideias

Odeio os indiferentes. Como Friederich Hebbel, acredito que viver significa tomar partido. Não podem existir apenas homens estranhos à cidade. Quem verdadeiramente vive não pode deixar de ser cidadão e partidário. Indiferença é abulia, parasitismo, covardia, não é vida. Por isso odeio os indiferentes. A indiferença é o peso morto da história. É a bala de chumbo para o inovador e a matéria inerte em que se afogam freqüentemente os entusiasmos mais esplendorosos, o fosso que circunda a velha cidade [...].

Odeio os indiferentes também porque me provocam tédio as suas lamúrias de eternos inocentes. Peço contas a todos eles pela maneira como cumpriram a tarefa que a vida lhes impôs e impõe quotidianamente, do que fizeram e sobretudo do que não fizeram.

E sinto que não posso ser inoxidável, que não devo desperdiçar a minha compaixão, que não posso repartir com eles as minhas lágrimas.

Sou militante, estou vivo, sinto nas consciências viris que estão comigo a pulsar a atividade da cidade futura, que estamos a construir [...].

Antonio Gramsci

Aos meus pais Josefa e Filippo, ao Alex e à Christina.
Amor Incondicional.

Agradecimentos

À Profa. Dra. Vera Lucia Michalany Chaia pelos ensinamentos, dedicação e afetuosidade durante toda trajetória de pesquisa.

Aos mestres que marcaram minha vida acadêmica.

Ao financiamento que recebi da CAPES.

Aos meus familiares e amigos.

PREFÁCIO

A Comunicação Política nos Estados Unidos da América ganha destaque nos anos quarenta, por ocasião do aparecimento da televisão enquanto meio de comunicação mais importante de informação disponível aos cidadãos americanos. No Brasil, a Comunicação Política começa a se afirmar com a campanha eleitoral de 1989, pleito disputado por vários candidatos dentre os quais se destacaram Luiz Inácio Lula da Silva (PT) e Fernando Collor de Mello (PRN), que disputaram o segundo turno das eleições presidenciais. O vitorioso, como sabemos, foi Fernando Collor de Mello.

O resultado daquelas eleições em favor de Collor foi resultado de uma série de conjunções: apoio irrestrito dos grandes órgãos de comunicação, que fizeram uma declarada campanha de apoio ao candidato em oposição ao candidato Lula; cobertura extremamente tendenciosa dos meios de comunicação; estratégia política do 'medo', utilizada pelos marqueteiros da campanha eleitoral de Collor para combater seu opositor.

Exatamente neste período eleitoral é que o Jornal Nacional (JN) ganha destaque, ao fazer uma polêmica edição do último debate eleitoral ocorrido entre Collor e Lula nos estúdios da Rede Globo de Televisão. O JN editou o encontro buscando favorecer e valorizar a presença de Collor e desqualificar e desmoralizar a presença de Lula no debate, o que resultou em uma mudança fundamental nas pesquisas eleitorais realizadas nos últimos dias e que favoreceram claramente o candidato Collor do Partido de Renovação Nacional.

Depois deste episódio, estudado com muito cuidado por pesquisadores da área de Comunicação Política e denunciado pelas forças que se opuseram à posição assumida pela Globo, a emissora começou a alterar a sua estratégia editorial em relação ao acompanhamento dos períodos eleitorais. Nas eleições de 1994, 1998 e 2002, a emissora padronizou a cobertura jornalística e estabeleceu uma política editorial que deveria ser seguida pelo setor de jornalismo.

No período eleitoral de 2006, a Globo inovou ao introduzir a cobertura jornalística nas cinco regiões do país, incluindo cidades de diferentes portes, cobertura esta feita pela Caravana JN. O livro de Carla Montuori Fernandes, *Os contrapontos eleitorais e os cinco "Brasis" em campanha pela Caravana JN*, tem como objetivo analisar os mecanismos pelos quais se deu a cobertura das eleições presidenciais de 2006, buscando compreender como o Jornal Nacional construiu uma agenda política e de que maneira este noticiário influenciou a campanha eleitoral naquele período.

Para tanto, a autora busca compreender a trajetória política desenvolvida pelo Jornal Nacional, ao longo da história, analisando os diferentes momentos do telejornal de maior audiência do Brasil. A recuperação histórica e a análise das diversas etapas deste programa de televisão são muito importantes do ponto de vista da sistematização de uma série de estudos referentes ao Jornal Nacional e da avaliação dos temas abordados por este programa durante os 40 anos de sua existência.

A Caravana, tendo como apresentador o jornalista Pedro Bial, percorreu as cinco regiões (Norte, Nordeste, Sul, Sudeste e Centro-Oeste) do país e contabilizou 52 reportagens transmitidas diariamente pelo Jornal Nacional. Em muitos momentos havia entradas ao vivo, com o acompanhamento de William Bonner, o jornalista responsável pelo Jornal Nacional, imprimindo assim a sensação de conjuntura e atualidade às reportagens gravadas anteriormente. Tais entradas adensavam a dimensão política do programa.

Naquelas eleições de 2006, os principais candidatos que disputaram o pleito foram Luiz Inácio Lula da Silva, do PT, candidato à reeleição; Geraldo Alckmin, ex-governador de São Paulo, do PSDB; Heloísa Helena, do PSOL, ex-senadora pelo PT; e Cristovam Buarque, do PDT, ex-ministro do governo Lula e ex-petista.

A disputa política principal se deu entre Luiz Inácio Lula da Silva, do PT, e Geraldo Alckmin, do PSDB, que representavam forças políticas hegemônicas na política brasileira da época. Aquele período eleitoral foi marcado por uma série de escândalos políticos que poderiam prejudicar a reeleição de Lula para o cargo de presidente.

A propaganda política divulgada pelo Horário Gratuito da Propaganda Eleitoral (HGPE) se radicalizou por conta das divergências e confrontos políticos históricos entre estes dois partidos políticos. O que Carla Montuori Fernandes introduz neste livro é um estudo detalhado das matérias construídas pela Caravana JN e suas andanças pelo Brasil afora. Analisa a agenda política das matérias, a valência negativa ou positiva atribuída às matérias sobre os candidatos, a diferenciação de cobertura das regiões e destaca, com detalhes, o enquadramento, ou seja, a ênfase e enfoque diferenciado das mesmas.

Fernandes estuda de maneira sistemática a Caravana JN mostrando um Brasil dividido e marcado por diferenças regionais, produto de mudanças e/ou imobilismo de governos passados, incluindo a gestão de Luiz Inácio Lula da Silva. A região Sul aparece na Caravana com cidades bem desenvolvidas e com uma população bonita e bem nutrida. A região Nordeste, em contraposição, foi caracterizada como pouco desenvolvida e com muitos problemas a serem resolvidos. Coincidentemente, os piores índices de aprovação do governo Lula se davam exatamente no Sul, enquanto que o Nordeste se destacou por representar altos índices de aprovação e por expressar o maior contingente eleitoral que votou no então candidato Lula.

Carla Montuori Fernandes desenvolve uma pesquisa inovadora na área da Comunicação Política ao introduzir uma discussão muito pertinente do processo de construção da notícia nacional pelo telejornal de maior índice de audiência: o Jornal Nacional.

Vera Chaia

Professora do Departamento de Política e do Programa de Pós-Graduação em Ciências Sociais, pesquisadora do NEAMP - Núcleo de Estudos em Arte, Mídia e Política - da PUC/SP e do CNPq.

SUMÁRIO

INTRODUÇÃO 11

PARTE I - A CARAVANA JN E O BRASIL SOBRE AS CINCO RODAS

1. O dia-a-dia da Caravana JN 17
1.1. Análise interpretativa da região Sul do Brasil 25
1.2. Análise interpretativa da região Sudeste do Brasil 34
1.3. Análise interpretativa da região Nordeste do Brasil 42
1.4. Análise interpretativa da região Norte do Brasil 58
1.5. Análise interpretativa da região Centro-Oeste do Brasil 65

2. Contexto da eleição presidencial de 2006 73
2.1. As pesquisas de intenção de voto 77
2.2. Aspectos da conjuntura socioeconômica 82
2.3. A cobertura da grande mídia na eleição de 2006 89

3. Pé na estrada: a Caravana JN em campanha pelas cinco regiões do Brasil 93
3.1. A região Sul do Brasil em campanha pela Caravana JN 95

3.2. A região Sudeste do Brasil em campanha pela
Caravana JN 102

3.3. A região Nordeste do Brasil em campanha pela
Caravana JN 109

3.4. A região Norte do Brasil em campanha pela
Caravana JN 127

3.5. A região Centro-Oeste do Brasil em campanha pela
Caravana JN 136

PARTE II - O JORNAL NACIONAL E AS PRINCIPAIS
DISCUSSÕES POLÍTICAS DO PAÍS

4. O Surgimento do Jornal Nacional e a ditadura militar ... 145

5. O processo de redemocratização e a Nova República:
interferência política na cobertura nacional 151

6. Democracia e abertura política: as eleições presidenciais
na pauta jornalística do Jornal Nacional 166

CONSIDERAÇÕES FINAIS 193

REFERÊNCIAS BIBLIOGRÁFICAS 197

ANEXOS 205

INTRODUÇÃO

Em 1º setembro de 2009, o *Jornal Nacional* completou 40 anos de existência. Durante as quatro décadas em que esteve no ar, o noticiário permaneceu líder de audiência e marcou presença nos principais acontecimentos políticos, sociais, econômicos e culturais da sociedade brasileira.

A história do *Jornal Nacional*, da Rede Globo de Televisão, é marcada por inúmeras circunstâncias que evidenciam o enquadramento oficialista do noticiário, manifestada por meio de representações favoráveis a determinados grupos políticos e econômicos, ao lado da depreciação de "personagens" que não detêm sua simpatia. Há estudos expressivos que apontam a cobertura enviesada do telejornal nas campanhas eleitorais.

Como episódios exemplares, o pesquisador Venício A. de Lima (2006, p. 66) destacou a preferência da Rede Globo ao candidato Fernando Collor de Mello, expressa pelo *Jornal Nacional* na reedição do último debate entre Lula e Collor no segundo turno das eleições presidenciais de 1989; o apoio à eleição e à reeleição de Fernando Henrique Cardoso, nas campanhas presidenciais de 1994 e 1998, e seu papel de "fiel da balança" na crise política de 2005-2006.

Com a justificativa de inovar na cobertura das eleições de 2006, o *Jornal Nacional* criou a *Caravana JN*, projeto de extensa amplitude geográfica, no qual o apresentador Pedro Bial e sua equipe, a bordo de um ônibus, percorreram as cinco regiões do país e produziram 52 reportagens diárias, com o intuito de des-

Introdução

vendar quais seriam os desejos dos brasileiros para o próximo presidente.

Inusitada, a *Caravana JN* despertou o meu interesse de pesquisa, sobretudo pela forma como se definia o cenário das eleições majoritárias no Brasil. Avaliar qual a postura adotada pela *Caravana JN* em um país que divergia regionalmente na escolha do candidato à presidência, tornou-se o objetivo principal desse livro.

Durante todo o período eleitoral, as pesquisas de intenção de voto veiculadas pelo Instituto de Pesquisa Datafolha[1] e outros órgãos do setor[2] indicavam a vitória esmagadora do presidente e candidato à reeleição, Luiz Inácio Lula da Silva (PT), nas regiões Norte e Nordeste do Brasil, ao lado de sua derrota nas regiões Sul e Centro-Oeste, onde o candidato Geraldo Alckmin (PSDB) obtinha maioria eleitoral. Na região Sudeste, o petista Lula obtinha pequena vantagem em relação a Alckmin.

No tocante às pesquisas, no dia 14 de agosto de 2006, o CNT/Sensus[3] apontava que o governo do presidente e candidato à reeleição Luiz Inácio Lula da Silva (PT) possuía avaliação geral positiva, com 43,6% da população atribuindo "ótimo e bom" à sua gestão; 39,5% considerando seu governo "regular" e 15,6% desaprovando e julgando como "ruim" seu primeiro mandato. O Nordeste do país impulsionava a reeleição de Lula (PT), região onde o candidato conquistava o melhor resultado eleitoral

---

1 O Instituto Datafolha de Pesquisa publicou, no dia 20 de setembro de 2006, pesquisa de intenção de voto por região que indica os seguintes resultados: Alckmin (PSDB) obtinha 39% das intenções de voto, enquanto Lula (PT) somava 35% na região Sul; no Nordeste do país, o candidato petista atingia 70% das intenções de votos, enquanto o candidato tucano adquiria 15%; na região Sudeste do Brasil, Lula (PT) somava 42% das intenções de voto, enquanto Alckmin (PSDB) obtinha 33%; na região Centro-Oeste e Norte, Lula (PT) conquistava 47% das intenções de voto, enquanto Alckmin (PSDB) atingia 32%. Outras pesquisas serão utilizadas no decorrer do trabalho. Disponível em: <http://datafolha.folha.uol.com.br/>. Acesso em: 13 jul. 2009.
2 Vide pesquisa de diversos institutos no Anexo A.
3 CRESCE a avaliação positiva do governo Lula. Disponível em <http://sistemacnt.cnt.org.br/webCNT/default.aspx>. Acesso em: 13 jul. 2009.

e maior índice de aprovação, com 53% da população considerando seu governo "ótimo e bom".

Parte da explicação para a elevada popularidade de Luiz Inácio Lula da Silva (PT) nas regiões Nordeste e Norte do país encontrava respostas nos programas sociais implantados durante seu primeiro mandato, com destaque para o Bolsa Família, que privilegiava 5.534.610 famílias nordestinas no início da campanha eleitoral de 2006. Os estudos da Fundação Getúlio Vargas[4] também registravam que a taxa de miséria havia caído 8,47% no primeiro mandato do governo Lula (PT) contra uma média de 3,14% nos dois governos do ex-presidente Fernando Henrique Cardoso (1994-2002). As pesquisas da PNAD (Pesquisa Nacional por Amostra de Domicílio) apontavam que as regiões com maior crescimento do rendimento domiciliar eram o Nordeste (11,7%) e o Norte (8,8%) do Brasil.

Ao lado de resultados satisfatórios veiculados nas pesquisas de opinião, a candidatura à reeleição de Lula (PT) enfrentava um clima extremamente turbulento. O país assistia a uma onda de denúncias de corrupção e esquemas fraudulentos, iniciada em maio de 2005, contra membros do governo Lula e do Partido dos Trabalhadores (PT). O *Jornal Nacional* dedicava parte do seu noticiário para exibir os escândalos e as denúncias contra o presidente petista.

O livro publicado em 2006 pelos jornalistas Eduardo Scolese e Leonencio Nossa, *Viagens com o presidente – Dois repórteres no encalço de Lula do Planalto ao exterior*, faz referência ao encontro entre os dirigentes do PFL, Jorge Bornhausen e José Agripino Maia, e o principal executivo das Organizações Globo, João Roberto Marinho, no auge da crise política, em julho de 2005.

Em conversa, um dos herdeiros da Rede Globo de Televisão projetava aquilo que seria os próximos passos do país. Sobre a crise política, João Roberto Marinho afirmava que pretendia fazer um registro factual e fidedigno, sem privilegiar ninguém. Relatava

---

4 DIMINUI a pobreza. Disponível em: <http://fgv.br/>. Acesso em: 14 jul. 2009.

Introdução

seu desencanto com o presidente Lula (PT) e apontava sua preferência na sucessão presidencial, conforme relato dos autores: "O dirigente da poderosa TV Globo afirma aos líderes do PFL que um segundo mandato de Lula poderá levar o país a uma situação caótica. E admite que prefere Geraldo Alckmin a José Serra na cabeça de chapa da oposição" (apud LIMA, 2006, p. 16).

Diante da desordem que repercutia no cenário presidencial de 2006, apresenta-se a seguinte discussão: A *Caravana JN*, idealizada pela Rede Globo e veiculada pelo *Jornal Nacional*, trazia uma cobertura enviesada? O questionamento é inerente ao objetivo do projeto: veicular os problemas e desejos da população nas cinco regiões do Brasil, em um momento em que a divergência regional tinha peso importante para a reeleição do candidato Luiz Inácio Lula da Silva (PT).

A metodologia aplicada para análise das reportagens da *Caravana JN* durante a eleição presidencial de 2006 foi baseada no conceito de valência. O Laboratório de Pesquisa em Comunicação Política e Opinião Pública (DOXA) – do IUPERJ (Instituto Universitário de Pesquisa do Rio de Janeiro) utiliza o conceito de valência para acompanhar a cobertura eleitoral nos principais veículos de comunicação do país.

A visibilidade de cada candidato aparece em uma metodologia de classificação criada pelos pesquisadores do instituto que atribuem: valência positiva para matérias que reproduzem as promessas dos candidatos, o programa de governo, as declarações ou ataques a concorrentes e textos que destacam os resultados favoráveis de pesquisas de intenção de voto; valência negativa para matérias que produzem críticas, ataques de concorrentes ou de terceiros ao candidato; valência neutra a matérias que apenas apresentam a agenda do candidato ou citações sem avaliação moral, política ou pessoal do candidato.

Apesar de as reportagens da *Caravana JN* não mencionarem diretamente a figura dos candidatos que concorriam ao pleito, o conceito de valência foi aplicado aos municípios, com o objetivo de quantificar a visibilidade atribuída a cada região e identificar se as reportagens refletiam um cenário positivo, negativo ou neutro para cada localidade. Adotamos como valência positiva todas as reportagens que apresentavam dados e imagens favoráveis do município, em que a discussão política era tratada de forma superficial. A valência negativa apareceu em matérias que valorizavam os problemas sociais, econômicos e culturais das regiões, associando-os ao Governo Federal ou Estadual. Por fim, a valência neutra surgia em reportagens que apenas apresentavam a região, sem mencionar aspectos positivos e negativos do cenário local e permaneciam desvinculadas de uma discussão política. Como suporte à análise interpretativa das 52 reportagens, recorreu-se à análise de conteúdo, visando observar as possíveis omissões, saliências e distorções das reportagens veiculadas durante o período.

Para entender as especificidades de cada região, optou-se por reconstruir o cenário eleitoral de cada município inserido na *Caravana JN*. A adoção desse critério surgiu como uma tentativa de identificar se existia uma possível relação entre o enquadramento atribuído a determinados municípios e o bom desempenho do candidato à reeleição Luiz Inácio Lula da Silva (PT) nas urnas.

A realização da pesquisa considerou as 52 reportagens da *Caravana JN*, veiculadas pelo *Jornal Nacional*, no período de 31 de julho até 30 de setembro de 2006. O livro está estruturado conforme exposto a seguir. A primeira parte apresenta análise das reportagens do projeto *Caravana JN*, retoma o contexto político em que se desenvolveram as eleições presidenciais de 2006 e aponta um breve estudo do cenário eleitoral das eleições governamentais e presidenciais nos estados que receberam a visita de Pedro Bial

A segunda parte aborda a trajetória histórica do *Jornal Nacional*, com destaque para os principais acontecimentos políticos que marcaram seus 40 anos de existência. Inúmeras pesquisas sobre o *JN* servem de referência para reconstruir sua atuação em momentos decisivos da história.

I.

A *CARAVANA JN* E O BRASIL SOBRE AS CINCO RODAS

1. O dia-a-dia da *Caravana JN*

Nas eleições presidenciais de 2006, o *Jornal Nacional* lançou um projeto inédito para cobrir o primeiro turno da disputa eleitoral: a *Caravana JN*. Comandada pelo jornalista e apresentador Pedro Bial, assessorado por mais quinze profissionais da emissora, a bordo de um ônibus azul, a *Caravana JN* percorreu, em 62 dias, mais de 16 mil quilômetros, produziu 52 reportagens e teve seis ancoragens do *Jornal Nacional* realizadas *in loco* pelos apresentadores Fátima Bernardes e William Bonner. O projeto, inspirado no jornal norte-americano da rede ABC que, na cobertura das eleições na década de 1950, colocou o jornalista Peter Jennings a bordo de um ônibus, tinha um propósito definido: apontar, já no início da campanha presidencial, quais seriam, naquele momento, os desejos dos brasileiros.

No princípio das discussões, o projeto visava apenas veicular o *Jornal Nacional*, durante os dois meses que antecediam o primeiro turno das eleições presidenciais de 2006, direto das cinco regiões do país: Sul, Sudeste, Nordeste, Norte e Centro-Oeste. Entretanto, a proposta foi estendida durante as reuniões de viabilidade da *Caravana JN*. Além das apresentações ao vivo do *Jornal Nacional*, a equipe percorreria todo o Brasil e encaminharia reportagens diárias para o telejornal. A Rede Globo também agregou ao projeto

1 | A Caravana JN e o Brasil sobre as cinco rodas

um *blog* para que os participantes da *Caravana JN* contassem suas experiências durante a viagem. Esse espaço foi aberto para que o telespectador também inserisse comentários sobre as reportagens realizadas nos municípios.

O *blog* da *Caravana JN* funcionou com um espaço de debates, elogios e principalmente críticas ao projeto, onde o telespectador podia exibir sua opinião sobre as reportagens veiculadas nos diversos municípios. Por outro lado, a repercussão do *blog* reforçou, nesse caso, a força da mídia televisiva, já que o debate girava em torno do que era agendado pelas reportagens de Pedro Bial.

O diretor de jornalismo da Rede Globo conta que toda a ação foi idealizada com a intenção de inaugurar um novo formato para a cobertura jornalística eleitoral. Ainda, Carlos Henrique Schroder esclarece que o projeto não pretendeu representar uma cobertura denuncista ou investigativa das regiões do Brasil, nem teve o intuito de beneficiar ou prejudicar os candidatos à presidência, visou apenas atender e ouvir o telespectador nos seus desejos de cidadão, segundo enfatiza no depoimento abaixo:

> Acho que o telespectador se sentiu atendido, durante o período eleitoral, por esse jornalismo preocupado em mostrar o país de outra maneira. Não era simplesmente cobrir o fato político. Mostramos o Brasil, sua realidade, fatos e problemas de uma outra forma. Para o telespectador foi um jeito diferente de receber a notícia. [5]

Apesar da finalidade implícita de retratar a vida e os anseios dos cidadãos brasileiros nas cinco regiões do país, o projeto serviu para reafirmar protótipos, prenunciado já no próprio nome de "batismo". Isso porque a origem etimológica e as transformações que o termo *caravana* recebeu ao longo do tempo apontam para uma ação de objetivo único, finalidade comum. Segundo esclarece o pesquisador de filologia da Universidade de São Paulo – USP,

---

5 GRANDES MOMENTOS DO JORNALISMO DA TV GLOBO: *Caravana JN*. São Paulo: Globo, 2006-2007. DVD. (Encarte).

Prof. Dr. Bruno Fregni Barreto, *caravana* provém da palavra árabe *qairauan*, por sua vez emprestada do persa *karwan*, significando "fila de camelos", "grupo de viajantes", assim organizados por motivo de segurança nas travessias do deserto. Passou para o português através do italiano, *caravenna*, cuja primeira ocorrência é do séc. XII, ou do francês *caravane*, de 1195. Por ampliação semântica, *caravana* passou a designar qualquer grupo de peregrinos, viajantes, mercadores, artistas de circo, políticos, etc. reunidos com alguma finalidade comum. Assim, o significado inicial *qairaun*, fila de camelos, foi ampliado para designar qualquer agrupamento com características e finalidades pelo menos semelhantes.

No Brasil, o termo *caravana* foi usado em 1968, por jovens cineastas, organizados em torno do empresário e fotógrafo Thomas Farkas. O grupo viajou pelo Nordeste e filmou dezenove documentários, abordando as manifestações da cultura popular brasileira. O projeto batizado de *Caravana Farkas* tinha por objetivo compreender as transformações culturais do país e mostrá-las aos brasileiros.

O termo evoca ainda a famosa *Caravana Rolidei*, nome do circo mambembe que circulava pelo país em *Bye Bye Brasil*, filme de Cacá Diegues, rodado na década de 70. No filme, uma caravana de artistas percorria o interior do Brasil e contava de maneira lírica como a população menos esclarecida lidava com a invasão bárbara da influência televisiva.

Ainda mais próximo de um projeto político, o termo *caravana* foi utilizado por Luiz Inácio Lula da Silva (PT) na eleição presidencial de 1994. Lula nomeou de *Caravana da Cidadania* suas andanças por pequenas localidades do país, entre abril de 1993 e julho de 1994, com o objetivo de conhecer e divulgar os problemas do Brasil.

Nota-se que a proposta da *Caravana JN* manteve o mesmo conceito do projeto político criado por Lula (PT) nas eleições de 1994. A ideia do então candidato à presidência, na época, abarcava um conceito mercadológico que ia além de conhecer

1 | A Caravana JN e o Brasil sobre as cinco rodas

o Brasil, pois visava mostrar também as deficiências e carências governamentais em período eleitoral.

Na eleição presidencial de 2006, a criação da *Caravana JN* trouxe uma sensível alteração na cobertura política. Não somente porque fez uma analogia com a *Caravana de Cidadania*, do presidente Lula (PT), como também porque rompeu com a proposta das emissoras de televisão de manter uma linha editorial imparcial e informativa, com tempo ajustado para todos os candidatos que concorriam ao pleito.

Isso porque retratar as regiões do país, dar voz à população, mostrar seus anseios e críticas, é também uma forma de fazer cobertura política parcial, que, mesmo sem mencionar a figura específica de um candidato na disputa eleitoral, pode favorecer ou prejudicar as campanhas em exercício. No caso da eleição presidencial de 2006, recrudescer as críticas sobre uma determinada região ou associá-la ao Governo Federal, poderia produzir um impacto ruim à campanha do candidato Luiz Inácio Lula da Silva (PT), já que ele ocupava o cargo de presidente.

Foi assim que a cobertura da *Caravana JN* se apresentou nas cinco regiões do Brasil, alternando entre reportagens com imagens e discursos positivos em relação ao cenário nacional e regiões onde o cenário e o discurso do caos apresentavam-se ao lado de críticas dirigidas ao governo. Foi com base nessa consideração inicial que, para analisar cada reportagem, emprestamos o conceito de valência, já conhecido nas pesquisas eleitorais. Muito empregado pelo Laboratório de Pesquisa em Comunicação e Opinião Pública – DOXA, o modelo de valência foi criado com o objetivo de verificar a ênfase dada aos candidatos nas reportagens, buscando esclarecer se elas prejudicam ou beneficiam suas candidaturas.

O critério de análise estabelecido pelo DOXA considera positivas matérias sobre um candidato que reproduzem suas promessas e programas de governo, suas declarações ou ataques a adversários; e negativas, matérias que reproduzem ressalvas, críticas ou ataques de candidatos concorrentes ou de terceiros, resultados de pesquisas ou comentários desfavoráveis; e neutras matérias sobre ou citação de candidatos sem avaliação moral, política ou pessoal.

Como as reportagens da *Caravana JN* não abordaram diretamente os candidatos que concorriam ao pleito, criou-se um modelo de valência próprio para análise dos municípios visitados, incluindo as imagens, os discursos e as entrevistas da população local. Considerou-se como valência positiva todas as reportagens em que dados e imagens favoráveis do município se associavam a declarações de pessoas entrevistadas que mostravam otimismo na fala. Os problemas políticos ou temas de campanha ficavam relegados a um segundo plano ou eram tratados de forma superficial na reportagem. As belas paisagens, as nobres moradias, a importância cultural e o acesso à infraestrutura básica funcionaram como indicativo para a valência positiva nas matérias.

A valência negativa apareceu em matérias que valorizavam imagens de pobreza e miséria da população, associadas à carência de infraestrutura básica local, seguidas de entrevistas em que o apelo e a crítica governamentais apareciam, tanto nos discursos dos entrevistados como na fala do apresentador Pedro Bial.

Já a valência neutra surgia em reportagens que se restringiam a apresentar a região, sem ressaltar aspectos positivos e negativos do local. Não havia associação dos aspectos negativos veiculados nas reportagens com o cenário político ou governamental.

Como forma de auxiliar na interpretação das reportagens da *Caravana JN*, uma análise de conteúdo indicará as "omissões", informações relevantes para o entendimento do problema que a matéria jornalística deixou de noticiar; as "saliências", maior visibilidade ou excessivo destaque dado a determinados aspectos da notícia, e as "distorções", possíveis equívocos e desacertos da construção jornalística que corroboram com o falseamento da realidade.

O quadro a seguir traz a composição de dias e o número de reportagens veiculadas pela *Caravana JN* nas regiões Sul, Sudeste, Nordeste, Norte e Centro-Oeste.

I | A Caravana JN e o Brasil sobre as cinco rodas

Composição da amostra de edições da Caravana JN

Regiões	Data das edições da *Caravana JN*	Número de edições por região
Sul	Dias 31 de julho, 1, 2, 3, 4, 5, 7, 8 de agosto de 2006	8
Sudeste	Dias 9, 10, 11, 12, 14, 15, 16, 17, 18 de agosto de 2006	9
Nordeste	Dias 19, 21, 22, 23, 24, 25, 26, 28, 29, 30, 31 de agosto de 2006 e 1, 2, 4, 5, 6, 7, 8 de setembro de 2006	18
Norte	Dias 11, 12, 13, 14, 15, 16, 18, 19, 20 de setembro de 2006	9
Centro-Oeste	Dias 21, 22, 23, 25, 26, 27, 28, 29	8
Total da Amostra		52

Para as 52 reportagens veiculadas pela *Caravana JN* foram utilizados os seguintes critérios de classificação:
- valência por município, estabelecendo as abordagens como positiva, negativa ou neutra, no que tange às 52 reportagens transmitida pela *Caravana JN* nas cinco regiões do Brasil;
- qualificação percentual das regiões, com base nos resultados dos estados;
- análise interpretativa das reportagens, utilizando as categorias de omissão, saliência e distorção, com base nos textos e imagens veiculadas pela *Caravana JN*, durante os dois meses que antecederam o processo eleitoral e a associação dos temas com o Governo Federal.

Valência por município

SUL	Positiva	Negativa	Neutra
São Miguel das Missões - RS	X		
Tapejara - RS		X	
Nova Pádua - RS	X		
Frei Rogério - SC	X		
Nova Trento - SC	X		
Paranaguá - PR		X	
Ponta Grossa - PR		X	
Londrina - PR			X
SUDESTE	**Positiva**	**Negativa**	**Neutra**
Pederneiras - SP		X	
Brodowski - SP	X		
São Roque de Minas - MG		X	
Itaúna - MG			X
Ouro Preto - MG	X		
Três Rios - RJ		X	
Macaé - RJ		X	
Cachoeiro de Itapemirim - ES			X
São Mateus - ES		X	
NORDESTE	**Positiva**	**Negativa**	**Neutra**
Itamaraju - BA		X	
São Félix - BA		X	
São Cristóvão - SE		X	
Penedo - AL	X		
Arapiraca - AL		X	
Nova Petrolina - PE			X
Cabrobó - PE		X	
Petrolina - PE	X		

1 | A Caravana JN e o Brasil sobre as cinco rodas

	Positiva	Negativa	Neutra
Juazeiro do Norte – PE		X	
Exu – PE		X	
Souza – PB		X	
Assu – RN		X	
Aracati – CE		X	
Contestado – CE		X	
Pedro II – PI		X	
Riachão – MA		X	
Santa Inês – MA		X	
Governador Nunes – MA		X	
NORTE	**Positiva**	**Negativa**	**Neutra**
Capanema		X	
Belém – PA	X		
Curralinho – PA		X	
Gurupá – PA		X	
Alter do Chão – PA[6]		X	
Almeirim – PA		X	
Santarém – PA	X		
Itacoatiara – AM		X	
Manaus – AM		X	
CENTRO-OESTE	**Positiva**	**Negativa**	**Neutra**
Campo Verde – MT		X	
Corumbá – MS		X	
Barra do Garça – MT		X	
Goiás – GO	X		
Nova Crixás – GO		X	
São Miguel do Araguaia – GO			X
Pirenópolis – GO	X		
Brasília – DF	X		

6 Alter do Chão é uma vila do município de Santarém.

Das oito reportagens veiculadas pela *Caravana JN* na região Sul, quatro apresentaram valência positiva, três negativas e uma neutra. Na região Sudeste, a *Caravana JN* contabilizou um total de nove reportagens, em que duas apresentaram valência positiva, cinco negativas e duas neutras. Já na região Nordeste, a *Caravana JN* visitou dezoito municípios e apresentou apenas duas reportagens com ênfase positiva, registrando-se quinze negativas, narrando os problemas que assolam as cidades, e uma neutra. Na região Norte, o enfoque negativo das reportagens também foi mantido, já que das nove reportagens veiculadas pela *Caravana JN* sobre a região, sete tiveram valência negativa e duas positivas. Por fim, na região Centro-Oeste, das oito cidades por onde a *Caravana JN* transitou, apenas uma reportagem obteve valência neutra, registrando-se quatro negativas e três positivas.

O quadro a seguir aponta a qualificação percentual da *Caravana JN* nas regiões Sul, Sudeste, Nordeste, Norte e Centro-Oeste do país.

Qualificação percentual por região

Valência por região (%)	Positiva	Negativa	Neutra
Sul	50%	37,5%	12,5%
Sudeste	33,33%	55,55%	11,11%
Nordeste	11,11%	83,33%	5,55%
Norte	22,22%	77,77%	ZERO
Centro-Oeste	37,5%	50%	12,5%

1.1 Análise interpretativa da região Sul do Brasil

Apesar de mencionar problemas discutidos na campanha política presidencial de 2006, a *Caravana JN* compôs para a região Sul do Brasil um cenário positivo, já que os temas abordados mostravam resultados bem-sucedidos sobre os estados do Rio Grande do Sul e Santa Catarina, uma vez que imagens dos locais e narrativas jornalísticas eram veiculadas demonstrando verdadeiros casos de sucesso, como foi a reportagem sobre educação no município de Nova Pádua, no Rio Grande do Sul, declarado pelo Unicef (Fundo das Nações Unidas para a Infância) como melhor local para a criança estudar.

Temas das reportagens na região Sul

Temas – Rio Grande do Sul	Missões	Tapejara	Nova Pádua
Cultura	x		
Emprego		x	
Educação			x
Temas – Santa Catarina	**Frei Rogério**	**Nova Trento**	
Cultura	x		
Religião		x	
Temas – Paraná	**Paranaguá**	**Ponta Grossa**	**Londrina**
Infraestrutura	x		
Emprego		X	
Educação			X

As reportagens que envolveram temas como cultura, na cidade de São Miguel das Missões-RS e Frei Rogério-SC, educação, em Nova Pádua-RS e religiosidade, em Nova Trento-SC, construíram um enfoque positivo da região. Vale ressaltar que nenhuma associação ao Governo Federal foi realizada. Já a reportagem veiculada com valência negativa, como no Porto de Paranaguá, exibiu uma clara associação ao poder público.

Em São Miguel das Missões, a *Caravana JN* construiu sua reportagem no Sítio Arqueológico de São Miguel Arcanjo, onde estão as ruínas jesuíticas da antiga redução de São Miguel Arcanjo. O local surgiu como pano de fundo para que William

Bonner e Pedro Bial se intercalassem na apresentação ao vivo da reportagem, que explorou fortemente a questão cultural da região, enfatizando o projeto jesuíta de catequização dos índios guaranis, que ocorreu há mais de 300 anos.

O apresentador Pedro Bial explicou que o projeto, que visava uma república igualitária, era, assim como o comunismo, totalitário. Logo nas primeiras falas de Bial, nota-se a fragmentação da reportagem, que selecionou apenas aspectos da realidade, ao tratar o comunismo como totalitário, apresentando o conceito sob um olhar reducionista, simplista da realidade, sem esclarecer de fato tal modelo político-econômico ao telespectador ou sequer aprofundar o modelo criado pelos jesuítas nas missões.

Mas a grandiosidade das ruínas de São Miguel das Missões, declarada Patrimônio Mundial da Humanidade pela Unesco, em 1983, foi bem explorada pela reportagem, que mostrou a beleza do local, alertando para sua importância como polo histórico e cultural.

Outro fator-chave da reportagem foi o comportamento da população, que se manteve organizada durante toda a apresentação do telejornal. Mulheres loiras, sorridentes e bem afeiçoadas vestiam roupas típicas, vestidos longos e rodados, próprios da tradição local.

Os índios guaranis demonstravam alegria e cantavam, enquanto as crianças riam e corriam pela aldeia. Toda a reportagem contribuiu para demonstrar um ambiente organizado, tradicional e rico em cultura, valorizando a região Sul do país.

A reportagem seguinte aconteceu na cidade de Tapejara, no Rio Grande do Sul. Pedro Bial e sua equipe entrevistaram uma família de agricultores de tabaco, que iria enfrentar o impacto de um tratado assinado pelo Brasil que prevê a erradicação dessa cultura em 20 anos (a Convenção Quadro). Importante ressaltar que Tapejara é uma região que se destaca pela forte agropecuária leiteira, sendo a cultura do tabaco escassa na região.[7]

---

7 Informação na Prefeitura de Tapejara. Disponível em: <http://www.tapejara.rs.gov.br/site/index.php?option=com_content&task=view&id=153&Itemid=2>. Acesso em: 20 ago. 2008.

A matéria mostrou uma plantação bonita, rentável e responsável pela subsistência da família entrevistada. Na voz de Bial, erradicar a plantação de tabaco foi uma bomba para esse povo, que, após essa resolução, visualiza como futuro migrar para a capital, intensificando o problemático movimento de êxodo rural. Na voz do agricultor entrevistado: "O negócio é cidade eu acho, pras meninas crescerem". Já as meninas sonham com um mundo idealizado que conhecem pela televisão: "Vou estudar e depois ser modelo".

A reportagem de Pedro Bial na região de Tapejara omitiu dados para o entendimento claro do problema. Expôs que o Brasil é o maior exportador de fumo do mundo, mas ignorou diversos aspectos do problema em questão: os fumicultores que geram o produto e dependem centralmente dele para sua sobrevivência; a indústria que recebe o produto bruto e lhe dá a forma final e tem um mercado cativo; e a população que sofre as consequências nefastas do consumo de cigarros.

A estratégia da indústria do tabaco para impedir a ratificação da Convenção Quadro, no Brasil, envolveu o elo mais frágil da cadeia produtiva: o agricultor. A reportagem de Pedro Bial teceu críticas indiretas à ação do governo e supostamente apoiou-se nos mesmos ideais das grandes indústrias de fumo, sugerindo que erradicar a cultura do tabaco no Brasil trará apenas consequências negativas para diversas famílias de agricultores que vivem dessa prática.

Importante ressaltar que, ao contrário do que vem sendo dito, esse tratado não prevê nenhuma restrição que prejudique os fumicultores. Para sanar as perdas decorrentes do fim desse cultivo, está prevista a construção de estratégias nacionais de desenvolvimento sustentável, para garantir, técnica e financeiramente, a transição agrícola e econômica desses produtores. A não ratificação da Convenção, segundo esclarece o *Jornal do Comércio*, de novembro de 2004,[8] desqualificaria o Brasil no cenário inter-

---

8 QUADRO da Organização Mundial da Saúde para controle do tabaco. Disponível em: <http://jcrs.uol.com.br/home.aspx>. Acesso em: 20 ago. 2008.

nacional e em nada contribuiria para o futuro dos fumicultores. Caso não assinasse o acordo, o país ficaria fora das negociações e discussões dos protocolos que terão como objetivo abordar as alternativas de produção para os agricultores. Essa informação não foi levada ao ar pela *Caravana JN*, que abordou apenas os prejuízos e omitiu as novas perspectivas que a medida governamental trará ao país.

Em Nova Pádua, no Rio Grande do Sul, Pedro Bial iniciou a terceira reportagem em uma sala de aula. Sentado como aluno, o apresentador esclareceu ao telespectador: "Nova Pádua é a melhor cidade brasileira para a criança viver. Tem educação e saúde de qualidade, o que deixa os pequenos brincarem em paz".

Na sequência, Bial perguntou à professora Daniela Baggio qual era a fórmula de sucesso em Nova Pádua e obteve como resposta uma explanação que envolveu três temas: estrutura socioeconômica, estrutura familiar e controle de natalidade. As imagens demonstravam a organização da sala de aula e a beleza das crianças, trajando uniformes, com materiais escolares impecáveis, cabelos penteados, sorriso no rosto. A professora, de pele branca e cabelos loiros, mostrou conhecimento no assunto, boa oratória e excelente caligrafia ao responder às questões do apresentador Pedro Bial.

A reportagem chegou ao fim narrando que Nova Pádua é tudo que o Brasil quer ser quando crescer. Em contrapartida, por meio dessa visão otimista, as características peculiares da rede de educação nessa cidade foram omitidas pela *Caravana JN*, ao desconsiderar dados importantes para o telespectador. Em Nova Pádua, há apenas duas escolas públicas. Uma municipal, que se encarrega de atender as 162 crianças entre três e cinco anos, e uma estadual, que dá conta do restante – pouco mais de 300 alunos. Além disso, a cidade possui um programa de transporte escolar que vai buscar os estudantes nos mais difíceis acessos da área rural.[9] Isso

---

9 NOVA Pádua, no Rio Grande do Sul, registra 0% de analfabetismo. Disponível em: <http://jc3.uol.com.br/jornal/noticias/ler.php?canal=224&codigo=165084&dth=>. Acesso em: 20 ago. 2008.

I | A Caravana JN e o Brasil sobre as cinco rodas

demonstra o quanto essa pequena comunidade está distante da média nacional em termos de rede pública de educação.

Em 3 de agosto de 2006, a *Caravana JN* avançou para o estado de Santa Catarina e chegou ao município catarinense de Frei Rogério. Lá, Pedro Bial entrevistou Hirotaka Onaka, imigrante japonês, que vive na região, desde 1971. Sem mencionar que Frei Rogério contém uma das maiores colônias japonesas do sul do Brasil, a reportagem adotou um tom de surpresa, já que os entrevistados guardavam o sino de bronze de Nagasaki, cidade atingida pela segunda bomba atômica lançada pelos Estados Unidos sobre o Japão, em 9 de agosto de 1945, para forçar a rendição desse país e, assim, pôr fim à Segunda Guerra Mundial (a primeira foi lançada sobre Hiroshima, três dias antes, em 6 de agosto). A *Caravana JN* mostrou a história de Kazummi Ogawa, sobrevivente do ataque à cidade. O sino de Nagasaki, mantido pela família, foi apresentado como algo peculiar pelo telejornal.

Vale mencionar que a *Caravana JN* omitiu que a família é a fundadora do Parque Sino da Paz,[10] onde o sino é preservado, e deixou de apontar sua importância na região; Kazummi Ogawa, seu marido e filhos foram os pioneiros no primeiro assentamento de imigrantes japoneses em Santa Catarina e prosperaram significativamente no plantio de frutas. A beleza da moradia, ao lado da prosperidade da família, aparece como algo desvinculado da situação sociocultural da colônia japonesa.

Em Frei Rogério, a *Caravana JN* apenas se encarregou de descrever a cultura, narrar a história da família Ogawa e as belas paisagens e riquezas, caracterizadas por um clima de tranquilidade e de paz. Não houve a pergunta: "O que desejavam estas cidades?". Aparentemente despretensiosa, a matéria sugeriu que a família de imigrantes japoneses encontrou a paz e a prosperidade na região Sul do Brasil, o que possivelmente enaltece a região.

---

10 SINO da Paz. Disponível em: <http://www.freirogerio.sc.gov.br/conteudo/?mode=pa&item=14559&fa=7&cd=8557&siglamun=freirogerio>. Acesso em: 20 ago. 2008.

Toda a dinâmica da apresentação foi estabelecida com o intuito de demonstrar a beleza da casa, a tranquilidade dos familiares e a prosperidade da família de imigrantes.

De Frei Rogério a *Caravana JN* seguiu para Nova Trento, ainda em Santa Catarina, local onde viveu a primeira santa brasileira reconhecida pelo Vaticano: Madre Paulina. A reportagem contou a trajetória de vida de Amábile, que adotou o nome de Madre Paulina, jovem garota que se dedicou aos cuidados dos doentes desamparados e das crianças órfãs da região de Nova Trento. Empregando um tom despretensioso, a narrativa sobre Madre Paulina foi repassada pela freira Ilze Mees. A reportagem, assim, legitimou a importância da religião e da fé na vida e na transformação dos cidadãos e apresenta a narrativa da fé.

As palavras de Pedro Bial, ao adentrar a região, apontavam Nova Trento como um lugarejo inóspito, marcado pela uma natureza hostil, que segundo uma moradora da região: "...levou muita gente ao alcoolismo, ao desânimo". Pedro Bial continua a narrativa e sugere que foram duas amigas, Amábile e Virgínia, que transformaram a região, conforme segue: "Até que duas amigas, Amábile e Virgínia, começaram a trabalhar o milagre da transformação de Nova Trento". As imagens que surgiam na reportagem apontavam uma região com lindas paisagens naturais, o que dava maior veracidade à fala da freira Ilze Mees e dos moradores de Nova Trento. A reportagem trouxe como tema principal a questão da religiosidade e da fé, não mencionou problemas de ordem pública.

Já em 7 de agosto de 2006, a *Caravana JN* ingressou no Paraná. A primeira entrevista na região aconteceu no porto de Paranaguá, um dos principais exportadores de produtos agrícolas, com destaque para a soja em grão e o farelo de soja. Após a veiculação de três reportagens, nas quais prevaleceu a valência positiva da região Sul, no porto Paranaguá, o confronto político ascendeu. A Caravana JN mostrou o porto como exemplo de elevação do custo Brasil. Nas palavras de Pedro Bial: "Os caminhoneiros sempre saúdam nosso ônibus como se agradecessem à companhia.

1 | A Caravana JN e o Brasil sobre as cinco rodas

As estradas do Sul costumam ajudar o trabalho deles. O maior problema não é a viagem, é a chegada". A reportagem mostrou uma fila de caminhões diante de um terminal de embarque do porto, seguida da narrativa: "Dentro de cada um desses caminhões está a riqueza que o Brasil produz e nem sempre consegue exportar a preços competitivos por causa dos gargalos no porto. É engarrafamento, mas pode ser chamado de custo Brasil".

Pedro Bial prosseguiu a reportagem com entrevistas a caminhoneiros que descreviam a carga que transportavam: "madeira, frango, milho". Segundo informação publicada no artigo "Confissões contritas", da revista *Carta Capital*, veiculada em 19 de novembro de 2006, havia um equívoco que não foi esclarecido na matéria, já que o local onde o apresentador Bial gravou sua entrevista era um terminal arrendado à iniciativa privada, o da empresa Cargill. Ao seguir com o desacerto, Bial informava: "Em Paranaguá, uma situação crítica que se repete nos principais portos do país". E afirmava: "No centro de triagem, onde os carregamentos de grãos são examinados, há de se ter muita paciência". Na sequência, surgia a imagem de caminhoneiros que completavam as críticas. Um dizia: "Isso é todo dia, todo dia, todo dia". Outro completava: "Demora quatro, cinco, seis, oito horas". Na fala seguinte de Pedro Bial, estabeleceu-se o maior equívoco da matéria: "Nos terminais arrendados à iniciativa privada, a coisa ainda anda".

Para complementar e legitimar seu discurso, a equipe da *Caravana JN* selecionou um caminhoneiro que declarou: "O poder público está parado". Reforçando o ponto de vista unilateral, a reportagem de Pedro Bial também não informou ao telespectador que o local onde ele estava havia sido concretado, somando mais de 300 mil m² de pavimentação. O acesso utilizado para chegar ao terminal privado, onde o repórter estava fazendo a passagem, recebeu um investimento de R$21 milhões dos cofres públicos.

Segundo esclareceu o governador do Paraná, Roberto Requião, em entrevista à revista *Carta Capital*, em 19 de novembro de 2006, houve uma reorganização no porto e há anos já não existem mais filas, como as apresentadas no *Jornal Nacional*. Requião apontou que uma nova logística exige que os caminhões que chegam ao porto estejam com as suas cargas negociadas e prontas para ser descarregadas nos terminais e embarcadas nos navios. Disse ainda: "Se alguns terminais privados (caso os senhores não saibam há terminais privados no porto) não adotam a mesma logística e, às vezes, se enroscam em filas, a ineficiência acaba sendo atribuída ao terminal público, como fez Pedro Bial".

A reportagem do porto de Paranaguá sugeria que a privatização era a solução para o problema dos portos no Brasil. Em crítica à Globo, o governador Requião desabafou que o pior não é a tomada de posição da emissora, favorável à privatização, mas sim o exercício do mau jornalismo. Na fala de Requião:

> Os órgãos de imprensa e os próprios jornalistas terem posição não é um problema; cometer erros também não é. Faz parte da vida: nenhum trabalho jornalístico deixa de ter erros, imprecisões; ninguém descreve ou comenta os fatos a partir do Olimpo, distante do bem e do mal. O que é preciso evitar é que uma posição política torne-se um pretexto para desobrigar editores e repórteres de investigar os fatos com precisão e assim os autorize a fazer mau jornalismo (CARTA CAPITAL, 19 nov. 2006).

Os equívocos da *Caravana JN* foram comentados por inúmeras reportagens em revistas e jornais do Brasil, o que levou, no dia 10 de novembro de 2006, William Bonner, apresentador e editor-chefe do *Jornal Nacional*, a ler uma nota que fazia a autocrítica do programa, conforme segue: "O porto de Paranaguá, no Paraná, está entre os que investiram na modernização. Mas, nesta semana, o Jornal Nacional errou ao mencionar filas quilométricas de caminhões em Paranaguá. Estas filas praticamente sumiram desde a implantação do novo sistema de controle de embarque".

1 | A Caravana JN e o Brasil sobre as cinco rodas

A próxima reportagem da *Caravana JN* no estado do Paraná aconteceu em Ponta Grossa. As críticas ao governo reapareceram ao apresentar a madereira onde o morador da região e entrevistado Adilson Canarequi trabalhava, que reduziu de 400 para 80 funcionários, em função do dólar baixo. Pedro Bial apontou em discurso: "Com o dólar baixo, ao exportador resta demitir para não quebrar". A cidade foi apresentada ao telespectador como terra da tradicional indústria de madeira para exportação. A reportagem tratou dos problemas de desemprego na região e deu voz a trabalhadores desempregados para legitimar as consequências da queda do dólar. Na voz de Canarequi surge a lamentação: "Não tem. Só procuro e não acho".

Já na cidade de Londrina, Bial apresentou a Universidade Federal de Londrina e os pesquisadores do futuro na Intuel – Incubadora Internacional de Empresas de Base Tecnológica da Universidade Estadual de Londrina. A reportagem enfatizou os projetos acadêmicos, comandados pela Prof.[a] Cleuza Asanome, que possibilita que os alunos desenvolvam, a partir de ideias inovadoras, produtos para o mercado consumidor. A reportagem apesar de mencionar o pouco investimento público no campo da pesquisa acadêmica refletiu avanço e modernidade para a região.

1.2 Análise interpretativa da região Sudeste do Brasil

A região Sudeste foi marcada por matérias com valência negativa para o Governo Federal nos estados de São Paulo, Minas Gerais, Rio de Janeiro e Espírito Santo. A primeira reportagem procurou demonstrar a decadência cultural do interior paulista, na cidade de Pederneiras, onde, segundo narrou o apresentador Pedro Bial, o governo da União não disponibilizou verbas para reconstrução da antiga estação ferroviária. Em Minas Gerais, no município de São Roque de Minas, o destino foi a Serra da Canastra, patrimônio verde incalculável, que vem sendo destruído por incêndios criminosos. Os ambientalistas da região manifestam-se em torno de um único desejo: que os governantes passem a dar mais valor à questão ambiental.

As reportagens realizadas no estado do Rio de Janeiro, nos municípios de Três Rios e Macaé, privilegiaram aspectos negativos dos municípios. Em Três Rios, local que apresenta problemas com as elevadas taxas de desemprego, a história de Joselmo Corrêa de Mello, dono de uma rede de supermercados e maior empregador do município, foi repassada com pedidos de redução de encargos trabalhistas pelo próprio empreendedor. Já em Macaé, cidade que cresceu mais de 600% nos últimos dez anos, desde que a Petrobras escolheu a região como sede das operações na bacia de Campos, a desigualdade social apareceu como pauta da reportagem, que denunciou as contradições sociais do local, marcadas por uma cidade rica, à margem direita do rio Macaé, onde moradias ricas e suntuosas dividem espaço com uma grande favela, à margem esquerda do rio.

No estado do Espírito Santo, a reportagem que aconteceu no município de Cachoeiro de Itapemirim recebeu valência neutra em relação à política, já que não houve qualquer menção a problemas ligados a questões governamentais. A matéria contou a história de uma fábrica de apitos e sopros, que produz instrumentos que reproduzem os cantos das aves.

No município de São Mateus, a reportagem reproduziu valência negativa e teve como tema a educação. Pedro Bial e sua equipe entrevistaram a família de Teresa dos Santos, descendente direta dos quilombolas da região. A pobreza e a falta de oportunidade para estudar foram destacadas pela *Caravana JN*. Nenhuma associação direta a governantes foi feita, conforme aponta a interpretação passo a passo dos estados da região Sudeste do país, conforme quadro a seguir.

Como mencionado, a primeira reportagem da *Caravana JN* na região Sudeste aconteceu em Pederneiras, cidade localizada no

1 | A Caravana JN e o Brasil sobre as cinco rodas

interior de São Paulo. Com 40.270 mil habitantes, a população dessa pacata cidade apontou como desejo a restauração do patrimônio cultural – a estação de trem, construída em 1915, herança da época do café.

Temas das reportagens na região Sudeste

Temas – São Paulo	Pederneiras	Brodowski	
Cultura	X	X	
Temas – Minas Gerais	São Roque de Minas	Ouro Preto	Itaúna
Cultura		X	
Meio ambiente	X		
Ética			X
Temas – Rio de Janeiro	Três Rios	Macaé	
Impostos	X		
Moradia		X	
Temas – Espírito Santo	Cachoeiro de Itapemirim	São Mateus	
Meio ambiente	X		
Educação		X	

Alguns moradores da região foram entrevistados por Pedro Bial e reforçaram a importância de restaurar a estação que, desde 1966, está desativada para passeios e transporte. "Voltar o trem de passageiros", apontou o ferroviário aposentado Rubens Constantino. A intenção de reestruturar esse patrimônio, fazer um centro cultural e promover passeios de Maria Fumaça também despontou no discurso do secretário municipal de cultura, Luiz Fluzete: "Com certeza, as pessoas vão fazer fila para passear nela".

Durante toda a reportagem da *Caravana JN*, as imagens veiculadas mostravam as péssimas condições da estação de trem,

Azulejos quebrados, portas rompidas, paredes pichadas, enfim, um cenário de total ruína.

A reportagem, entretanto, omitiu que a depreciação do lugar deveu-se também a atos de vandalismo de moradores da própria região, que já levaram o mármore do quase secular balcão, as portas, sobrando apenas o batente, o mictório, do qual restam apenas as telhas e um suporte na parte oeste da plataforma, feito de dormentes de aço cruzados, que já foram todos quase roubados.[11]

O apresentador Pedro Bial enfatizou que é de responsabilidade do governo da União oferecer subsídios para a reconstrução da estação e preservação cultural da região. Mas a reportagem sequer mencionou a importância de os moradores cuidarem da preservação e manutenção da cultura local.

A reportagem seguinte da *Caravana JN* também aconteceu no interior de São Paulo, no município de Brodowski, terra de Candido Portinari. Com uma população de 22.978 mil habitantes, Brodowski foi cenário de uma reportagem que teve como tema central a preservação cultural iniciando com imagens de jovens da região, futuros eleitores, que falaram rapidamente para Pedro Bial sobre seus desejos. As manifestações dos futuros eleitores abarcaram temas como o fim da corrupção, mais investimento na educação, ênfase na saúde e segurança.

Na sequência, Bial abordou a vida do pintor Candido Portinari, descendente de imigrantes italianos, reconhecido internacionalmente por seus desenhos e pinturas. A vida de Portinari, a casa onde morou, hoje transformada em museu, seus desenhos, sua vida em Brodowski, tudo foi repassado em forma de narrativa, seguida de quadros e imagens do artista.

O desejo, na voz da eleitora e diretora do Museu Portinari, Angélica Fabbri, foi de maior apoio à cultura: "Criar uma cultura de valor do patrimônio, uma cultura da importância dos nossos museus". A frase de Angélica Fabbri finalizou a passagem da

---

11 ESTAÇÕES Ferroviárias do Brasil. Disponível em: <http://www.estacoesferroviarias.com.br/p/pederneiras.htm>. Acesso em: 23 ago. 2008.

1 | A Caravana JN e o Brasil sobre as cinco rodas

trajetória da *Caravana JN* pelo estado de São Paulo. A reportagem de Pedro Bial tampouco mencionou o papel político que Portinari exerceu ao longo de sua vida.

Saindo de Brodowski, a *Caravana JN* avançou para Minas Gerais e chegou à região de São Roque de Minas, cujo destino foi a Serra da Canastra. Patrimônio ambiental invejável, o Parque Nacional da Serra da Canastra (Parcanastra) é uma das formações mais típicas de Minas Gerais, com mais de 30 cachoeiras que passam dos 40 metros de altura. A reportagem mostrou a beleza da região, com quedas-d'água e muito verde. Isso sem falar que São Roque abriga as nascentes do rio São Francisco. Entre as belas imagens de cachoeiras, quedas-d'água, etc, a reportagem de Pedro Bial enfocou a preservação do parque, que, segundo moradores e profissionais do Ibama, sofre hoje com a falta de controle do meio ambiente e incêndios criminosos. O profissional do Ibama, Adaniel Matos, que trabalha há 32 anos na instituição, denunciou: "A minha função aqui é proteção a incêndio, combate a incêndio, eu e mais 28 brigadistas trabalhamos aqui".

Apesar de se tratar de um assunto de extrema relevância, a preservação do meio ambiente, a reportagem não aprofundou o problema da região e sua relação com os principais suspeitos, os produtores rurais. Segundo afirma o próprio Ibama em entrevista ao jornal *O Estado de S. Paulo*, de 16 de setembro de 2006, os principais suspeitos são produtores rurais que têm propriedade no entorno do parque. Antes do maior incêndio, em janeiro de 2006, que destruiu 30% do parque, os produtores rurais entraram em atrito com o Ibama (Instituto Brasileiro de Meio Ambiente e dos Recursos Naturais Renováveis), ao se recusarem a discutir a regularização fundiária na região. O parque tem 200 mil hectares, mas apenas 71 mil estão regularizados.

No dia seguinte, no município de Itaúna-MG, a *Caravana JN* criou uma reportagem que caracterizou como retrato do povo brasileiro, uma espécie de retrospectiva do Brasil, visto ao olhos da equipe do *Jornal Nacional*. As palavras de Pedro Bial, em tom de poesia, foram pronunciadas em *off*, seguidas das imagens das regiões por onde a equipe transitou. Bial inicia a matéria dizendo: "Antes do primeiro hotel, primeira lua cheia de dez noites. Daqui a 50 dias, será dia de eleição". O apresentador faz um balanço das andanças pelas regiões Sul e Sudeste do país e conclui que "o eleitor brasileiro anda mudado, há uma espécie de vivência ou maturidade, que refletirá positivamente na escolha dos candidatos".

No dia 14 de agosto de 2006, a *Caravana JN* partiu para a cidade mineira de Ouro Preto, destacada no vídeo pelo repórter Pedro Bial e pela apresentadora do *JN*, Fátima Bernardes. Ouro Preto foi a primeira cidade brasileira a ser declarada Patrimônio Histórico e Cultural da Humanidade pela Unesco, no ano de 1980. A magnífica arquitetura colonial foi explorada pela *Caravana JN*, com ênfase a cultura, arte e riqueza.

Um contraponto dessa riqueza foi brevemente pontuada pelo noticiário: a busca da prosperidade, que segundo Bial, planta favelas e ameaça o patrimônio da região. Tal posição é reafirmada pelo escultor Veveu: "Não é só o patrimônio arquitetônico, mas o patrimônio verde que nós temos. É o volume da oferta de emprego para todos, que não tem", expôs.

A reportagem da *Caravana JN* em Ouro Preto, que contou com a participação de Fátima Bernardes, foi dedicada a apresentar o valor cultural da região: a beleza histórica do local, seu trabalho artístico e os problemas para a manutenção desse patrimônio.

Da região de Ouro Preto, Minas Gerais, a *Caravana JN* partiu para o estado do Rio de Janeiro. A cidade de Três Rios foi o ponto de parada da equipe de Pedro Bial. O discurso do aparente declínio da região se fez presente já no início da reportagem. Segundo Bial: "Há quarenta anos, Três Rios só faz decrescer. Perdeu mais de dez fábricas nas últimas décadas. O número de desempregados só não se multiplicou por causa do empresário Josemo Corrêa de Mello".

Josemo Corrêa de Mello apareceu como o protagonista da reportagem, que teve como foco sua rede de supermercados, que gera cerca de 4 mil empregos diretos. Sua vida, desde a infância,

1 | A Caravana JN e o Brasil sobre as cinco rodas

como menino pobre, nascido na roça, até sua ascensão profissional, tornando-se um grande empreendedor foi esmiuçada pela narrativa, que apresentou imagens de seu empreendimento: um grande galpão, repleto de caixas e mercadorias. A cidade apareceu sob uma única perspectiva: a do empresário que busca salvar a região do caos. Pedro Bial narra: "Maior empregador de Três Rios, cidade que seria fantasma sem a sua atuação, o empreendedor quer do próximo governo algo bem objetivo".

O desejo do empreendedor Mello surge em seguida: "Tinham que ser revistos os encargos trabalhistas, eu acho muito altos". Com essa frase, termina a reportagem da região de Três Rios. O problema central de Três Rios passa despercebido pelos olhos da *Caravana JN*. O apresentador Pedro Bial e sua equipe omitiram que grande parte do desemprego da região deveu-se à falência do parque industrial da empresa Santa Matilde, fabricante de vagões, que delegava à cidade o título de polo industrial de equipamentos ferroviários. Segundo esclarece o atual assessor da Secretaria Municipal de Indústria e Comércio, Magno Siqueira, em entrevista ao jornal *Diário do Vale*, de 7 de julho de 2008, o impacto foi grande e gerou 4 mil empregos perdidos. A empresa que chegou a ter 4,5 mil empregados passou a sofrer pressões dos sindicatos, funcionários em greve, ações do governo do estado e federal até que teve decretada falência.[12]

Ao sair de Três Rios, a *Caravana JN* avançou para a região de Macaé, ainda no estado do Rio de Janeiro. A equipe de Pedro Bial apresentou uma cidade que sofreu profundas mudanças devido à descoberta de petróleo na bacia de Campos. Desde 1970, quando a escolheu Macaé para sua sede na Bacia de Campo, a economia da cidade cresceu assustadoramente. Conforme dados do Instituto Brasileiro de Geografia e Estatística (IBGE), desde 1997, a economia de Macaé cresceu 600% e a população da cidade triplicou, atingindo 169.513 habitantes.

---
12 A quebra da Santa Matilde. Disponível em: <http://www.jornaldocommercio.com.br/> Acesso em: 24 ago. 2008.

A equipe de Pedro Bial apresentou uma reportagem em sintonia com os dados do IBGE e apontou o maior problema que a era pós-petróleo trouxe à região: a enorme contradição social. Para tal, a *Caravana JN* entrevistou o taxista Lucrécio Trindade e, a bordo de seu táxi, acompanhou os contrastes da região. Na voz de Lucrécio: "Vivemos do petróleo. É uma cidade rica com um povo pobre", afirma o taxista. Em seguida, a reportagem mostrou residências enormes, belas mansões em contraste com grandes favelas. E ao fundo a voz de Pedro Bial: "A cidade cresceu tão rápido que se esfacelou em duas. Uma cidade rica, à margem direita do rio Macaé, ao sul. E uma grande favela, à margem esquerda do rio, ao norte, onde mora quase metade da população".

A reportagem esclareceu que o maior problema da região está na oferta de mão-de-obra especializada que, por conta dos salários atraentes, acaba levando para o local um grande número de pessoas com falta de qualificação necessária. Sem conseguir o tão sonhado emprego, esses indivíduos lotam as favelas da cidade, que aumentam a cada dia. A reportagem de Pedro Bial, entretanto, não omitiu que a inaptidão governamental, ou a falta de uma política pública para criação de moradias populares, assim como para reforçar a segurança na cidade, também colaboram para a falta de qualidade de vida da maior parte da população macaense.

Do estado do Rio de Janeiro, a *Caravana JN* seguiu para o Espírito Santo. A região visitada foi Cachoeiro de Itapemirim, local onde nasceu o cantor e compositor Roberto Carlos. Curiosamente, a reportagem de Pedro Bial enfocou os cantos, na fábrica de instrumentos de sopro. O entrevistado foi Gustavo Coelho, dono da fábrica que já conta com 100 anos de existência, herança do seu bisavô, Maurílio Coelho. É a única da América Latina e fabrica instrumentos que reproduzem mais de 25.739 tipos de cantos, visando entre outros mercados, à caça das aves. Com valência neutra, por não mencionar temas

1 | A Caravana JN e o Brasil sobre as cinco rodas

políticos, restou à reportagem da *Caravana JN* esclarecer que os instrumentos são produzidos de madeiras nobres, extraídas das raízes das árvores.

No dia seguinte, em 18 de agosto de 2006, a *Caravana JN* avançou para o município de São Mateus, ainda no estado do Espírito Santo, próximo da região nordeste do país. A reportagem de Pedro Bial sobre a região aconteceu no mercado de iguarias locais e enfatizou temas como desemprego e educação.

Pedro Bial remonta à tradição escrava para apontar os produtos que são vendidos na feira, segundo sua narrativa: "Terra de farinha afamada, lá nada vende mais que o beiju, que os negros aprenderam a fazer com os índios".

O negro escravo apareceu na tradição da entrevistada, Teresa dos Santos, de origem humilde, condições precárias, pouca instrução e informação para fazer a família parar de crescer. Segundo apresentou Bial: "A família de Teresa dos Santos é descendente direta dos quilombolas dessa região". A reportagem mostrou o quão rudimentar é a vida de Teresa do Santos, que peneira farinha para sustentar seus filhos.

Dos 14 filhos, apenas Wesley, filho adotivo, conseguiu completar o ensino médio. Seu apelo é, ao mesmo tempo, um desejo: educação, ingressar em uma faculdade, formar-se em pedagogia. A imagem que encerrou a reportagem mostrou claramente a pobreza de Wesley, trabalhando na lavoura, na colheita de pimenta do reino.

1.3 Análise interpretativa da região Nordeste do Brasil

A narrativa da *Caravana JN* pelo Nordeste do país foi construída com uma valência negativa da região, recrudescendo o estereótipo da pobreza, da seca e da fome. Os personagens das reportagens de Pedro Bial pelo Nordeste apareceram na figura do analfabeto, explorado, sujo, sem infraestrutura básica, sem saúde, moradia e condições mínimas para a sobrevivência. O espaço narrativo privilegiou o exótico, destacando a paisagem de juazeiros e as caatingas. As denúncias da falta de infraestrutura básica tornaram-se temas frequentes nas matérias, que, por meio de discursos e entrevistas com moradores locais, expunham as carências da região. As moradias pobres, as crianças humildes, a falta de emprego, a falta de saúde e de educação encontraram tom uníssono em todas as cidades visitadas no Nordeste do país. Os problemas com a rodovia BR-316, narrados por Pedro Bial e sua equipe, geraram inúmeras discussões no campo político, funcionando como ferramenta mercadológica usada em campanha pelo candidato à presidência, Geraldo Alckmin (PSDB), e promoveram enorme desconforto para o candidato à reeleição, o presidente Luiz Inácio Lula da Silva (PT).

Temas das reportagens na região Nordeste

Temas – Bahia	Itamaraju	São Felix		
Infraestrutura	X			
Emprego		X		
Tema – Sergipe	São Cristóvão			
Infraestrutura	X			
Temas – Alagoas	Penedo	Arapiraca		
Cultura	X			
Segurança		X		
Temas – Pernambuco	Petrolândia	Cabrobó	Petrolina	Exu
Economia	X			
Infraestrutura		X		
Cultura			x	
Política				x

1 | A Caravana JN e o Brasil sobre as cinco rodas

Temas – Ceará	Juazeiro do Norte	Aracati	Contestado	
Religião	X			
Emprego		X		
Infraestrutura			x	
Temas – Paraíba	**Souza**			
Meio Ambiente	X			
Temas – Rio Grande do Norte	**Assu**			
Saúde	X			
Temas – Piauí	**Pedro II**			
Economia	X			
Temas – Maranhão	**Riachão**	**Santa Inês**	**Gov. Nunes Freire**	
Educação	X			
Infraestrutura		X		
Infraestrutura			x	

    A primeira reportagem do Nordeste que fez uma associação com o Governo Federal aconteceu em São Félix, município conhecido como um dos principais polos de desenvolvimento econômico da Bahia. Dentre os produtos comercializados pela região, podem-se destacar: cana de açúcar, fumo, produção de farinha de mandioca, milho, feijão, telhas, tijolos, madeiras, exportação de fumo e diversos materiais. A partir da década de 1970, configurou-se um processo de decadência das bases produtivas da cidade de São Félix, em virtude da queda de preços no mercado internacional e da falência das fábricas de charuto, aumentando a concorrência no mercado de açúcar e de fumo com outros países e regiões do Brasil.[13]

---

13 ECONOMIA de São Félix. Disponível em: <http://www.saofelix.ba.gov.br/economia.html>. Acesso em: 25 ago. 2008.

A equipe de Pedro Bial ingressou na região para apontar o desemprego. O tema da reportagem foi o desemprego e a dependência dos mais jovens, que vivem da aposentadoria dos mais velhos, única fonte de renda no local. Segundo narrou um jovem morador ao apresentador: "Quando a barriga dói a gente tem que correr atrás do pai". As imagens apresentadas no vídeo reforçavam a precariedade e a pobreza da região, os idosos carregam a expressão de cansaço e preocupação, as moradias eram pobres e a infraestrutura precária.

A busca de emprego esteve presente no discurso de todos os entrevistados, conforme enfatizou a aposentada Maria do Carmo: "Os filhos não podem continuar aqui. Quando ficam aqui, ficam como se fossem vagabundos. Não têm nada para fazer, afirmou a entrevistada". Outra moradora continuou: "Um dia desses eu encontrei uma moça bebendo. Aí, eu disse 'por que bebe assim, a senhora trabalha?' Ela disse 'eu nunca tive um emprego na minha vida'. É triste".

Por fim, quem respondeu à questão sobre o que a população de São Félix esperava dos futuros governantes foi a aposentada Maria do Carmo, que enfatizou: "Que eles cumprissem com a palavra emprego [...]. Nós não precisamos de esmola, precisamos de bom emprego". Assim, abordando uma questão relevante para o país, a reportagem da *Caravana JN* possivelmente tentou, utilizando a voz da entrevistada, relacionar o termo esmola com o Programa Bolsa Família, do governo de Luiz Inácio Lula da Silva (PT). É possível associar ao programa do Governo Federal, que oferece subsídios à população desempregada, no valor de um salário-mínimo mensal, com a esmola de que fala a aposentada.

A discussão acima esteve presente em todo o horário eleitoral gratuito e foi tema constante dos críticos do governo de Lula (PT) e da base opositora ao governo, durante sua primeira gestão. O Programa Bolsa Família foi encarado como um projeto social de resultados questionáveis, já que não minimiza o problema central: a falta de condições próprias de manutenção e sustento do lar.

I | A Caravana JN e o Brasil sobre as cinco rodas

Da Bahia, a *Caravana JN* partiu para o município de São Cristóvão, no estado de Sergipe. Nesse local, a reportagem pouco mencionou que a cidade é a quarta mais antiga do Brasil, com monumentos que remontam à colonização portuguesa, tombados pelo Patrimônio Histórico Nacional, graças ao seu rico e belo acervo arquitetônico, cultural e religioso. Em São Cristóvão, as imagens da reportagem de Pedro Bial apontavam a precariedade da região, como a falta de moradias adequadas, exibindo imagens que mostravam casas no alto de um barranco e falta de aterro sanitário, que reforçavam a deficiência de infraestrutura básica.

Os pedidos dos moradores da região abordaram os principais problemas do Brasil, tão recorrentes e que ainda servem como tema de campanhas, a saber: melhoria na saúde, educação, segurança, emprego e dignidade para todos os cidadãos brasileiros. O tema corrupção esteve presente na voz de um jogador do time profissional de São Cristóvão, que apontou: "Que o governo seja mais honesto". É possível associar o pedido de honestidade do morador com os problemas que enfrentará o presidente Luiz Inácio Lula da Silva (PT).

Importante notar que a *Caravana JN*, ao ingressar na região Nordeste, recrudesceu as críticas e procurou mostrar imagens que legitimam a precariedade da população. Com uma postura diferente da região Sudeste, onde o foco cultural permaneceu na pauta das reportagens, o Nordeste se transformou no espaço de denúncia dos problemas que assolam o país.

Na cidade de Arapiraca, no estado de Alagoas, por exemplo, a *Caravana JN*, conseguiu denunciar os problemas da criminalidade em tempo real: filmaram um assalto e um tiroteio, de madrugada, no centro da cidade. Para engrandecer ainda mais a reportagem, as imagens e os ruídos de tiros e corres-corres entre policiais serviam para denunciar o que Pedro Bial narrava em *off*:

> Acabou a desigualdade. Criminalidade e violência não são mais problemas exclusivos das metrópoles [...]. O

país com medo e motivo para isso. A primeira razão de ser do Estado é deter o monopólio da violência para impor a ordem. O estado brasileiro perdeu esse monopólio. Perdemos.

Nota-se na fala de Bial a postura crítica em relação ao Estado. Diz claramente o apresentador que o Estado não cumpre seu papel, já que não consegue executar aquilo que é sua razão primeira de ser: deter a violência e impor a ordem.

As imagens seguintes mostram a precariedade da polícia, que não possuía um pé-de-cabra para arrombar a porta do local onde os ladrões se escondiam. Sem qualquer ferramenta para arrombá-la, Bial esclareceu que a polícia usou o que encontrou na rua. Na sequência, a reportagem mostrou o policial arrombando a porta com um instrumento inadequado.

No contraponto à falta de armamento policial, o apresentador Pedro Bial seguiu a reportagem e filmou o material apreendido com os bandidos, conforme apresentou o sargento: "Ferramentas, cordas, um pé-de-cabra". Nesse momento, a reportagem aumentou o close no pé de cabra. Com isso, a reportagem sugere que os bandidos possuíam ferramentas que os policias não tinham.

A matéria foi encerrada com o desabafo do sargento da Polícia Militar, Francisco Barreto que, visivelmente transtornado, esbravejou em frente às câmeras da equipe do *Jornal Nacional*: "Se a gente prende, amanhã está solto. É um país sem lei, sem governante, sem nada. Um país entregue ao caos". O discurso do policial faz referência à inaptidão governamental. Barreto é claro nas afirmações e declara a ausência do Estado em um discurso direto, totalmente compreensível para o telespectador.

A próxima reportagem sobre o Nordeste abordou o problema nas estradas BR-316 e BR-428. No estado de Pernambuco, no município de Cabrobó, a *Caravana JN* encontrou uma situação caótica: rodovias sem segurança, sem policiais armados, com trechos esburacados, o que torna os caminhoneiros e motoristas

1 | A Caravana JN e o Brasil sobre as cinco rodas

alvos fáceis de assaltantes oportunistas, conforme relatou Pedro Bial: "A Polícia Federal tem empenho, pouca gente e não tem as armas que os bandidos têm. Nos trechos esburacados e nas subidas, os caminhoneiros são obrigados a reduzir a velocidade. Aí quem age rápido são os assaltantes".

A reportagem de Cabrobó se assemelhou à matéria anterior, que aconteceu no município de Arapiraca. Ambas abordaram a questão da criminalidade e da violência. O tema sobre a falta de armamento ressurgiu mais uma vez no discurso do apresentador que denunciou ao telespectador: a Policia Federal está desaparelhada. É de responsabilidade do presidente da República e de seus assessores o papel de administrar as instituições federais. Sendo assim, ao realizar tal analogia, a *Caravana JN* supostamente apontou a ineficácia do Governo Federal, que era representado na figura do então presidente e candidato à reeleição, Luiz Inácio Lula da Silva (PT).

Seguindo pela estrada BR-316, a *Caravana JN* chegou à cidade de Petrolina, em Pernambuco. A reportagem retratou a vida de Ana das Carrancas, personagem de região, artista reconhecida internacionalmente e condecorada pela presidência, por oficio do governo, como patrimônio vivo de Pernambuco.

Muito se falou da vida sofrida de Ana das Carrancas, sua pobreza, o marido cego que pedia esmolas e foi retirado da rua pela artista, o derrame que há dois anos impossibilita sua fala e movimentos, e toda a trajetória de sofrimento e trabalho árduo. Apesar de viver em uma casa confortável, visível pelas imagens que apareciam no vídeo, a reportagem trouxe melancolia, uma tristeza que ficava perceptível na tela.

Ana das Carrancas chorava e Pedro Bial, em *off*, complementava a nostalgia que tomava conta do local: "Ana criou um novo tipo de carranca, de barro, teve derrame há dois anos, perdeu a fala e os movimentos. Chora por qualquer coisa. Todas as suas figuras têm os olhos vazados em homenagem ao marido cego. Ela sempre foi seus olhos, ele agora é sua voz".

Apesar de ressaltar a importância de Ana das Carrancas na região de Petrolina, a reportagem pouco falou do grau de notoriedade da artista, inclusive em âmbito nacional. Ana das Carrancas possui um ateliê onde fabrica e comercializa as peças em barro, tendo como principal artesanato a carranca de olhos vazados, carrancas com características antropozoomórficas, criadas por uma de suas filhas, Ângela, já considerada artista plástica.

Há em Petrolina um espaço cultural que conta a trajetória de trabalho e sucesso da artesã, que possui títulos importantes como Patrimônio Vivo de Pernambuco – 2006, Prêmio Top of Mind Brazil – 2006, Ordem do Mérito Cultural – 2005 e Título de Cidadã Petrolinense – 2000. Peças de sua autoria estão em vários lugares do mundo, inclusive em um museu do Canadá. Em novembro de 2005, ela recebeu a Ordem do Mérito Cultural do presidente Lula na categoria Cavaleiro.[14]

A reportagem da *Caravana JN* sobre Ana das Carrancas não explora o reconhecimento da artista pernambucana em âmbito nacional e internacional, aborda apenas sua sofrida trajetória de vida, insistindo no que é peculiar. Importante notar que o perfil do nordestino que aparece nas reportagens da *Caravana JN* está balizado no desempregado, sofredor, humilde, que enfrenta os problemas da criminalidade, da falta de saúde, da escassez de recursos na educação e ausência de infraestrutura básica.

O Nordeste aparece nas reportagens de Pedro Bial como um espaço de miséria e pobreza, contrastando com as regiões Sul e Sudeste, onde pouco se mostrou sobre os problemas sociais. Para reforçar a dinâmica de uma região pobre, a *Caravana JN* seguiu com destino a Juazeiro do Norte, no estado de Ceará.

Denominado lugar sagrado, o município é o maior centro de romarias do Nordeste. As primeiras imagens da região refletiram a pobreza do local, a precariedade das moradias, feitas de madeira e desgastadas pela ação do tempo, a magreza da população, que

---

14 CENTRO de Artes Ana das Carrancas. Disponível em: <http://www.petrolina.pe.gov.br/conteudo.php?id=18&sp=1&ss=pt>. Acesso em: 26 ago. 2008.

se apresentava com a expressão melancólica no olhar, desânimo e vestuário pobre.

O texto que complementava as imagens era narrado pelo apresentador Pedro Bial, que contava um pouco da vida do padroeiro local, Padre Cícero: "Em vida, Padre Cícero foi cassado pela igreja, mas a devoção do povo só fez e só faz crescer, assim como a cidade que ele apadrinhou: a sofrida e altiva Juazeiro do Norte".

Na reportagem, o sofrimento de Padre Cícero foi narrado por Rosa, devota e moradora da região que apontava: "Velhinho, baixinho, de joelhos numa cadeirinha daquelas, humilde. Tinha outro padre celebrando a missa e ele ali de joelhos numa cadeirinha". Rosa contou que Padre Cícero perdeu o direito de exercer o sacerdócio por conta de um milagre que a igreja não reconheceu. Os percalços da vida de Padre Cícero misturam-se à pobreza e infelicidade da trajetória de Rosa na região: seus cinco filhos morreram pequeninos, segundo ela afirma na reportagem: "Eles morreram de maltrato", e seguia convicta: "Eu vou dizer que morreram de boa coisa? De maltrato. Não tinha médico, não tinha remédio, não tinha nada", reiterava a entrevistada.

Hoje aos 86 anos, com R$350,00 de aposentadoria, Rosa declarou à equipe da *Caravana JN* que do próximo governante deseja apenas um canto para morar, um local onde ela não sofra tanto como sofre em Juazeiro do Norte. A reportagem omitiu do telespectador o potencial econômico de Juazeiro do Norte e ateve-se apenas à religiosidade, misturando pobreza, humildade e sofrimento. Sequer mencionou que Juazeiro do Norte, segunda cidade mais importante do Ceará e uma das principais cidades da região Nordeste, exerce influência sobre todo o Cariri cearense e algumas cidades do Piauí, de Pernambuco e da Paraíba. De acordo com o Instituto de Pesquisa e Estratégia Econômica do Ceará (IPECE),[15] Juazeiro possui um PIB de R$718.884.000,00. Porém,

---

15 JUAZEIRO do Norte: história, cultura, geografia e informações. Disponível em: <http:// www.ipece.ce.gov.br>. Acesso em: 10 jun. 2008.

a riqueza produzida pelo município é bem maior, pois o comércio informal, que não entra na contagem do PIB, é muito intenso.

Do estado de Ceará, a *Caravana JN* seguiu para Exu, em Pernambuco. A pequena cidade foi berço do cantor e compositor Luiz Gonzaga, rei do baião, como é conhecido por todo o Brasil. Em Exu, Pedro Bial entrevistou Mundica, que por 20 anos foi cozinheira de Luiz Gonzaga. Ela esclareceu que o local foi palco de uma terrível briga política entre as famílias Alencar e Sampaio, que culminou em inúmeras mortes.

Além da briga política que ainda perdura na região, a *Caravana JN* mostrou imagens da pobreza e da falta de infraestrutura básica que afeta o local. As imagens que apareciam na reportagem mostravam as moradias precárias, casas de barro, sem qualquer acabamento, crianças descalças, com pouca roupa, brincavam pelas ruas, olhares de sofrimento e desesperança de uma idosa que observava o movimento pela janela de sua residência.

Na sequência, a reportagem seguiu com imagens da precariedade do local: terra batida, sem asfalto, sem água encanada e rede de esgoto. Surgiam no vídeo crianças que, de balde na mão, caminhavam em busca de água no açude próximo. Mulheres de expressão humilde apareciam lavando roupas juntas em um tipo de tanque comunitário, onde várias peças estavam estendidas no chão. As imagens acompanhavam o discurso do apresentador Pedro Bial: "Exu reúne todos os problemas que assolam o sertão nordestino. Tem 34 mil habitantes e emprego só como um dos 1,4 mil funcionários do município. Não há arrecadação. Toda a verba da prefeitura vem do Governo Federal. A rede de esgotos só alcança 10% das casas". E segue no discurso: "Água encanada não tem. Há que se buscar no açude. Roupa se esfrega na lavanderia pública".

A narrativa segue com informações sobre o Programa Bolsa Família, criado pelo Governo Federal, que beneficia a população de Exu com R$364 mil por mês. Logo após, a reportagem dá voz a um morador da região, que finaliza: "Eu quero é que

1 | A Caravana JN e o Brasil sobre as cinco rodas

continue". Assim, o Programa Bolsa Família, elemento publicitário da campanha do candidato Lula, na eleição em 2006, aparece ao lado de imagens de miséria e de precárias condições de existência.

Do município de Exu, a *Caravana JN* seguiu para Sousa, no estado da Paraíba. A equipe de Pedro Bial buscou no local os dois maiores atrativos da região: o Parque Vale dos Dinossauros, que guarda um dos maiores trechos de pegadas desses animais preservadas do mundo e os poços de petróleo descobertos pelo agricultor Crisogônio Estrela de Oliveira. Comandada por Fernando, guia do Parque Vale dos Dinossauros, a primeira parte da reportagem é direcionada às imagens das pegadas dos animais e curiosidades sobre a espécie.

Já a segunda tem o intuito de apresentar a jazida de petróleo que o agricultor Crisogônio de Oliveira encontrou quando buscava água. Pedro Bial esclareceu que a Agência Nacional de Petróleo atestou como viável a jazida de petróleo de Crisogônio, e encerrou a reportagem com a frase: "enquanto não fica rico, ele já sabe fazer pose de presidente [...]". O agricultor Crisogônio levanta as mãos sujas de petróleo e sorri para a câmera da *Caravana JN*. Coincidência ou provavelmente pauta pronta, a reportagem que a *Caravana JN* apresentou do agricultor é a mesma que esteve presente na reportagem da *Folha de S.Paulo*, meses antes, na ocasião em que Oliveira concedeu a entrevista.[16]

A reportagem seguinte aconteceu em Assu, no Rio Grande do Norte. Lá, a equipe de Pedro Bial encontrou aquele que o apresentador denomina de herói, o agente de saúde Francisco Canindé. É Canindé quem esclarece os problemas da região e leva a equipe a um passeio em visita às famílias carentes, que contam com o serviço do "agente-herói". A filmagem ressaltou um cenário de extrema pobreza, onde prevalecem a falta de saneamento básico e a carência de infraestrutura nas moradias.

---
16 A reportagem que Crisogônio de Oliveira concedeu ao jornal *Folha de S.Paulo* consta no Anexo B.

No contraponto o que mais se enalteceu na reportagem foram os cuidados que Canindé prestava à população. Os moradores de Assu concederam entrevistas a Bial e demonstraram a importância do agente de saúde para a população, conforme mostram os trechos abaixo: "Ele orienta as mulheres para fazer o pré-natal, para pesar os filhos, todo mês ele vem pesar, falou uma moradora de Assu". Outra moradora depôs sobre o papel de Canindé na gravidez da filha de 15 anos: "Era constante aqui em casa, orientando como tinha que ser e ele, tudo que ele dizia, ela fazia", lembrava a mãe.

Assim, no final da reportagem, após inúmeras aparições que reforçaram a imagem positiva do agente de saúde Francisco Canindé, o apresentador Pedro Bial expôs que um agente de saúde ganha apenas R$350,00 mensais, verba repassada do Governo Federal para a prefeitura, conforme destacou: "Um agente de saúde ganha R$350,00 por mês. Dinheiro federal repassado às prefeituras. A profissão só foi regularizada este ano, por uma emenda constitucional. Só que, atenção candidatos, a lei ainda não está sendo cumprida". Mais uma vez, Bial chama a atenção para o papel do Estado que não vem sendo cumprido suas obrigações fiscais.

No dia seguinte, 2 de setembro de 2006, a *Caravana JN* chegou a Aracati, no estado do Ceará. Na região, a equipe de Pedro Bial realizou a reportagem sobre os problemas dos jangadeiros que sobrevivem da pesca diária, na praia de Canoa Quebrada. O pescador Assis contribuiu para o desenvolvimento da matéria e relatou em entrevista as dificuldades da profissão, segundo seu depoimento: "Um pescador com 50 anos já está todo quebrado: costela, braço. É só ver minha situação". O jangadeiro narrou as dificuldades de pescar diante da concorrência das fábricas: "Há uns 20 anos, esse lugar onde vamos tinha bastante peixe: cioba, dentão, cavala... Hoje não dá para pegar tudo isso. Está fraco".

Pedro Bial prossegue e esclarece ao telespectador que o pescador Assis vota pela aposentaria para os jangadeiros aos 55 anos e é contra uma proposta que limitaria o seguro-desemprego a

1 | A Caravana JN e o Brasil sobre as cinco rodas

pescadores com embarcações com mais de cinco metros. Entre críticas do jangadeiro, a reportagem encerrou sem esclarecer mais detalhes sobre a proposta que tramita no Congresso. Em contrapartida, a *Caravana JN* fez menção a novos problemas governamentais e buscou na voz dos entrevistados críticas que reiteravam tais considerações.

De Aracati, a *Caravana JN* partiu para o norte do Ceará, quase Piauí, e chegou a um local que não existe no mapa: a região de "contestado". O apresentador Pedro Bial esclareceu que, desde 1880, quando o Piauí ganhou uma saída para o mar, dando em troca um trecho de seu território para o Ceará, a divisa não foi estabelecida e a bifurcação que aparece no mapa brasileiro é um sinal de "contestado", ou seja, de um território de domínio controvertido.

No local, conhecido como Contestado, a reportagem aconteceu na casa de Maria Xavier, simples senhora que vive em condições precárias, devido à falta de infraestrutura básica: água, esgoto e eletricidade. A vida de Maria Xavier foi esmiuçada pelo apresentador, que mostrou as peculiaridades de seu dia-a-dia. A reportagem apresentou imagens da pobreza de Maria Xavier: casa de barro, vegetação seca, crianças trabalhando, seguida da narração de Pedro Bial que esclarecia ao telespectador: "Maria não tem luz, não tem gás, não tem água encanada, não tem esgoto nem fossa". Maria legitimava o discurso do apresentador e completava: "Nem televisão, nem geladeira e nem nada".

Na voz de Maria Xavier, seguia o pedido por eletricidade, complementando o que supostamente se pretendia transmitir com a reportagem: a imagem de um local precário, atrasado, com o povo pobre, humilde, desamparado e carente de infraestrutura básica.

A matéria seguinte aconteceu no município de Riachão, no estado do Maranhão. Pedro Bial narrou ao telespectador que transitava pela estrada, quando sua equipe avistou uma casa afastada. Por curiosidade, decidiram parar e identificar qual seria a função daquele casebre. Ao chegar ao local, uma surpresa: as imagens seguidas da narrativa de Pedro Bial mostravam uma escola em ruína, desmoronada há dois meses, sem telhado e com paredes rachadas.

Intrigados, Pedro Bial contou que ele e sua equipe partiram em busca das crianças e da professora que ocupariam aquela escola. Segundo narrou o apresentador, eles foram encontrados na varanda de um fazendeiro: "Um fazendeiro vizinho fez a cortesia de ceder sua varanda para as aulas. São filhos de lavradores. Crianças entre 6 e 12 anos de idade".

As imagens veiculadas pela *Caravana JN* mostravam as condições precárias de educação em que viviam as crianças daquele local: misturadas, sem uma distinção formal de turmas, com cadernos amassados, sem uniforme e chinelos nos pés. O discurso que completava as imagens era da professora Maria do Perpétuo Socorro, que informava ao apresentador Bial: "Dou aula para crianças de primeira, segunda, terceira e quarta séries. Eles faltam muito, entram na escola já muito tarde. Um deles tem 9 e começou aqui há um ano, aí, com um mês não vinha mais. Agora é que ele está na primeira série".

A falta de alfabetização foi explorada por Pedro Bial, que perguntava aos alunos o que significava o dia 7 setembro. O silêncio tomava conta das crianças, que nada sabiam a respeito da Independência do Brasil. O apresentador insistia em reforçar a miséria da região, com imagem em close da pobreza que assolava os pequenos e, por fim, questionou a professora: "Tem gente que vem por causa da merenda, professora?".

A professora respondeu com um ar de constrangimento: "Com certeza. Todos". O sorriso final e a indecisão na hora de responder qual era o seu desejo na hora de votar, legitimam a possível intenção da reportagem: enfatizar a condição humilde da professora. O estereótipo e o preconceito em relação ao Nordeste se faz presente mais uma vez na matéria sobre Riachão, no Maranhão.

1 | A Caravana JN e o Brasil sobre as cinco rodas

Já a reportagem do dia seguinte, que aconteceu no município de Santa Inês, também no estado do Maranhão, abordou o tema que gerou maior repercussão e debate entre os políticos em disputa presidencial nas eleições de 2006: a degradação da estrada BR-316. Pedro Bial apontou a situação caótica que o ônibus da *Caravana JN* enfrentou para seguir viagem por aquela que seria, na voz do apresentador, a pior estrada do Brasil. Ele narrou, visivelmente inconformado, as condições extremas da viagem:

> No município de Zé Doca, no interior do Maranhão, depois de cinco horas de viagem, conseguimos avançar pouco mais de 60 quilômetros, o que dá em média de 12 km/h. Pense no drama dos caminhoneiros, dos profissionais da região, que precisam usar essa estrada todos os dias. Se fosse de terra, a estrada seria melhor. Trata-se de uma sucessão de crateras traiçoeiras. A rigor, não dá nem para chamar esse trecho da BR-316 de estrada. Estrada isso não é.

Enquanto o apresentador apresentava os problemas da rodovia, as imagens que surgiam na tela mostravam enormes crateras na estrada e ônibus, caminhões e carros viajando com lentidão, trechos de terra, dois imensos buracos no asfalto. Durante a filmagem, inúmeros motoristas que passavam pela região gritavam para a equipe da *Caravana JN*: "Mostra essa vergonha na Globo". O apresentador Pedro Bial, quase ao término da reportagem, deu voz novamente a esse discurso popular e completou com uma intimação direta para os candidatos à presidência do Brasil: "Fica uma sugestão para os candidatos a presidência: fazer essa viagem, seria, no mínimo, didático".

Do município de Santa Inês, a *Caravana JN* seguiu para Governador Nunes, ainda no Maranhão. A reportagem do dia seguinte também enfocou os problemas da estrada BR-316. O tom amigável que acompanhou Pedro Bial durante os 30 dias de reportagem parecia ganhar um alto teor crítico. O apresentador abriu a reportagem do dia 8 de setembro de 2006 sem qualquer censura e preocupação com possíveis repercussões políticas e apontou: "Como fazer 200 quilômetros em nove horas e meia? Voz oficial do poder público, o DNIT (Departamento Nacional de Infraestrutura) diagnostica: a BR-316 é a pior estrada do Brasil. Não, para ser mais preciso esse trecho da BR-316 é só uma caricatura, sem graça, das estradas e da infraestrutura do Brasil".

A reportagem seguiu com entrevistas e imagens de caminhoneiros que permanecem dias na estrada, quando os caminhões apresentam algum problema. O primeiro entrevistado narrou que estava parado no acostamento da estrada, há exatamente uma semana, por conta de um rolamento que havia quebrado. O mesmo drama também foi narrado por outros caminhoneiros durante a apresentação do telejornal.

Curta, a exibição durou aproximadamente 4 minutos, Pedro Bial encerrou a reportagem, semelhante à do dia anterior, mencionando, entretanto, a relação pagamento de impostos e falta de infraestrutura básica do país, segundo segue: "Somos saudados por gritos: 'mostra a vergonha do Brasil', 'mostra onde foram parar nossos impostos!', 'olha as placas de sinalização, os olhos de gato, as faixas no asfalto', 'olha o asfalto', 'olha a única estrada federal que liga o Maranhão ao Pará'".

Apesar de reais, as denúncias sobre os problemas na BR-316 soaram como uma ferramenta mercadológica para o candidato da oposição ao governo: Geraldo Alckmin (PSDB). Evidentemente, como Luiz Inácio Lula da Silva (PT) tentava a reeleição, qualquer problema que envolvesse sua gestão, funcionaria como um ponto negativo para sua campanha. A repercussão da denúncia feita pela *Caravana JN* foi capaz de movimentar os debates políticos, serviu de tema para o horário eleitoral gratuito e foi assunto de publicação de inúmeros artigos.

1 | A Caravana JN e o Brasil sobre as cinco rodas

1.4 Análise interpretativa da região Norte do Brasil

De maneira semelhante ao que fez no Nordeste, ao retratar a região Norte do país, a *Caravana JN* investiu no estereótipo da população carente, sem fugir do discurso exótico, que enaltece o imaginário relacionado à região. A passagem da *Caravana JN* pela região amazônica limitou-se à dimensão silvestre, ao desmatamento, ao mercado de iguarias, os rios, aos igarapés, às palafitas, com uma dose de incremento à cultura do local. As reportagens retrataram personagens de uma Amazônia conhecida: o caboclo, mestiço de índio, de pele morena, estatura baixa, humilde, carente, que habita moradias às margens dos rios, também chamado de *ribeirinho*.

Os temas que, com frequência, assolam a população brasileira, como a falta de emprego, moradia, educação e saúde, estiveram diretamente associados à ineficácia do Governo Federal.

Temas das reportagens na região Norte do Brasil

Temas – Pará	Belém	Curralinho	Gurupá	Almeirim	Alter do Chão	Santarém
Infraestrutura						
Cultura	X					X
Meio ambiente		X			X	
Saúde			X			
Educação				X		
Tema – Amazonas	Itacoatiara	Manaus				
Emprego	X					
Meio ambiente		X				

Em Belém do Pará, a reportagem da *Caravana JN* aconteceu no mercado popular, onde Pedro Bial narrou o que viu como mitologia amazônica. O discurso se complementava com imagens do local, garrafas diversas de produtos medicinais, possivelmente fabricadas com árvores e plantas da região e diversas iguarias do local, enfatizando a história e a população.

Na mesma reportagem, a *Caravana JN* também retratou a fauna brasileira, ao filmar o museu Emílio Goeldi, dando atenção à espécie característica da região: a onça pintada. Por fim, a *Caravana JN* entrevistou Benedito Nunes, filósofo amazonense, lido e cultuado internacionalmente, que expôs sua paixão por Belém: o bosque Rodrigues Alves, o clima florestal e as grandiosidades da região, reforçando o discurso do exotismo regional. Tal reportagem obteve valência positiva, já que a cultura da região foi extremamente valorizada. Pouco se abordou da questão política, que, diante das paisagens e da cultura local, ficou relegada a um segundo plano.

Nos rios, percorrendo a região amazônica, a *Caravana JN* gravou a segunda reportagem no município de Curralinho, no estado do Pará. As imagens filmadas do próprio navio que conduzia a equipe de Pedro Bial mostravam a população ribeirinha, reforçando o estereótipo das moradias às margens do rio. Pequenos barcos, sem qualquer segurança, também foram filmados levando imagens já conhecidas: crianças de aparência pobre e humilde, que remavam e se equilibravam para não cair nas águas.

A imagem posterior abordou um tema bastante discutido: o desmatamento da Amazônia. Inúmeras toras de madeira cortadas, levadas por balsa, apareciam no vídeo, seguido de discurso em *off* do apresentador Pedro Bial: "A balsa leva mil toneladas de Amazônia em pedaços. Cupiúba, ipês, maçaranduba, jatobá, angelim-vermelho". Na sequência, a voz de Pedro Bial questionou o condutor da balsa, de nome Antônio: "Não dá pena? Levou 300 anos para crescer".

O próprio Antônio respondeu ao apresentador: "Dá pena. Mas tem que se prevenir também, né?". Antônio esclareceu ao

1 | A Caravana JN e o Brasil sobre as cinco rodas

apresentador que emprego é o que mais falta na região. Em seguida, Pedro Bial encerrou a reportagem alertando que a tora de três metros cúbicos custa pouco mais de R$ 100, valor baixo, mas que garante a sobrevivência do balseiro.

Em Curralinho, a matéria apontou para uma forte relação entre o desmatamento da Amazônia e a miséria da população local, ao mostrar a pobreza dos ribeirinhos e seguir com cenas de desmatamento, justificadas pela escassez de emprego e pela ênfase no trocadilho de Pedro Bial ao finalizar: "Desmatamento legal da Amazônia? Ou desmatamento da Amazônia legal?". Tal associação pode induzir ou fazer acreditar que o desmatamento na Amazônia tem apenas uma causa: a falta de emprego na região. A reportagem sequer menciona o outro lado do problema: o poder do grande capital na exploração e no desmatamento da região.

Depois de percorrer 10,5 quilômetros a bordo de um barco, a *Caravana JN* chegou ao município de Gurupá, no estado do Pará. Em uma serraria comunitária, dirigida pela família Monteiro Nunes, Pedro Bial e sua equipe apontaram as maiores carências da população amazônica. Os donos da serraria, os irmãos Wanderley e Walmir, narraram ao apresentador as dificuldades que encontram para conseguir acesso à educação e saúde no local onde habitam.

As imagens transmitidas focavam a moradia de madeira dos irmãos, as crianças pequenas, que transitavam pelo local com pouca roupa, e a humildade e timidez da esposa de Walmir, que não sabia como se comportar diante das câmeras, seguida do discurso de Pedro Bial que esclarecia ao telespectador que o suor dos irmãos garantia uma pobreza digna para as crianças.

Apesar de relatar os problemas reais de moradores de Gurupá, as reportagens da região Norte do país apresentam aqueles traços habitualmente mostrados: pobreza e humildade da população, moradias de madeira, construídas à beira do rio, crianças visivelmente carentes, mulheres e homens mestiços, com expressão de cansaço e sofrimento.

A dificuldade em conseguir atendimento médico era narrada por Pedro Bial: "Para ir ao médico são duas horas de viagem até a cidade de Gurupá e tem que chegar de véspera". Ana Rita, esposa de Wanderley complementava o discurso do apresentador e esclarecia como ocorria tal procedimento: "Eu estendi meia-noite para tirar a ficha. São dez fichas só, são cinco para o interior e cinco para a cidade". Sobre a educação, Wanderley afirma que a crianças só vão três vezes por semana à escola e complementa: "E péssima a escola aqui, péssima". E finaliza a reportagem, solicitando educação, saúde e oportunidade para trabalhar.

No pedido para o próximo governante está aquilo que o serralheiro chama de obrigação. "Educação, saúde, oportunidade para trabalhar, para a gente não viver dependendo tanto do governo", finaliza Wanderley. A reportagem faz uma forte associação dos problemas enfrentados pela família com a ineficácia governamental, ao apontar que o governo não cumpre com aquilo que é sua obrigação: atender os anseios e necessidades básicas dos indivíduos.

Vale ressaltar que a reportagem da *Caravana JN* na cidade gerou indignação nos moradores da região e na secretária municipal de Gurupá, que divulgou no próprio site da emissora, na parte dedicada ao *blog* da *Caravana JN*, o seguinte esclarecimento:

> Não são 10 fichas distribuídas por dia. São realizados aproximadamente 100 atendimentos diários no hospital municipal. São três dias de aula durante a semana, porém são em período integral, com alimentação adequada para os alunos. E isso foi decisão da comunidade, por se tratar de lugares distantes, eles preferiram manter os filhos durante todo o dia nas escolas e se deslocar com menos frequência.[17]

---

17 BLOG *Caravana JN*. Disponível em: <http://www.caravanaJN.globolog.com.br>. Acesso em: 10 jun. 2008.

I | A Caravana JN e o Brasil sobre as cinco rodas

A reportagem seguinte acontece no município de Almeirim, no estado do Pará. De barco, a *Caravana JN* chega à ilha na comunidade de São Sebastião, para retratar o problema da educação. A imagem exibida no vídeo denunciava a precariedade do galpão que é sede da escola local, de madeira e escassa infraestrutura para funcionar. As imagens mostram o pouco material escolar presente na instituição e, por fim, a moradia do professor entrevistado de nome Anderlon, que utiliza os fundos da escola para morar com as duas filhas e a esposa.

O desejo de um prédio novo e material escolar é o único sonho do professor Anderlon, que esclarece como sobrevive no local: "Aqui a gente vive mais da troca". Pedro Bial complementa o discurso ao relatar que o professor Anderlon dá um jeito na escassez do material escolar trocando peixe por diesel e diesel por lápis. Dessa forma, relatando a pobreza do professor e da sua família, encerra-se mais uma curta reportagem sobre a região amazônica. Apesar de retratar a carência da educação e a humildade do professor Anderlon, produzindo valência negativa para a reportagem, nenhuma associação direta com o Governo Federal foi estabelecida.

No dia seguinte, 15 de setembro de 2006, a *Caravana JN* chegou a Alter do Chão, uma vila turística da cidade de Santarém, no estado do Pará. A equipe do Pedro Bial investigou os problemas e a luta para preservação do peixe-boi, animal ameaçado de extinção por conta das ações criminosas dos caçadores que matam o animal adulto, remontando a uma tradição repassada de pai para filho. O veterinário Jairo Moura explicou que os caçadores matam cruelmente as presas, poupando os filhotes, que mais tarde se tornarão suas presas.

Mesmo com tema tão relevante, a reportagem foi marcada pela falta de discussão sobre o papel da política na preservação do meio ambiente. Apesar do aspecto negativo da reportagem, que enfatizou a crueldade dos caçadores de peixe-boi, a consideração sobre política foi branda, já que não houve associação direta do tema com o Governo Federal.

Em 16 de setembro de 2006, a *Caravana JN* abordou a cultura no estado do Pará. A equipe de Pedro Bial exibiu uma festa popular realizada há mais de 300 anos, no município de Santarém. Cheia de beleza, a reportagem mostrou imagens da festa do Sairé, antigo rito de fertilidade indígena, que foi repassado por gerações, e hoje é marcado por danças sensuais, explosão de cores fortes e vibrantes, onde homens e mulheres, dotados de beleza e juventude disputam o carimbo do Boto Cor-de-rosa e do Boto Tucuxi.[18]

A reportagem mostrou a beleza das mulheres que atuaram no balé de sedução do boto e exibiu os principais desejos daquelas que Pedro Bial apelidou de caboclas sestrosas. Entre as imagens da festa, os desejos surgiam na voz das mulheres: "O meu desejo é que a gente não deve contar só com os políticos. Acho que se todo mundo também tomasse uma iniciativa, acho que muita coisa ia mudar", disse uma dançarina. "Eu quero mais organização, acabar com a fome, miséria", falou outra.

Apesar das considerações envolvendo temas de relevância significativa, como a fome e a miséria, a reportagem no município de Santarém construiu um cenário positivo da região, com imagens da beleza, alegria e descontração que tomavam conta do evento. A ênfase esteve direcionada à cultura local, sensualidade das mulheres, dança e expressividade da festa do Sairé.

Já a reportagem seguinte, no município de Itacoatiara, no estado do Amazonas, relatou problemas vividos por famílias de pescadores. Na costa do Surubim, a equipe de Pedro Bial entrevistou quem vive da pesca. A reportagem iniciou com imagens da mulher do pescador lavando roupa à beira do rio e, na sequência, imagens da criança e do avô no caminho para a pesca.

O apresentador narrou que o laguinho que dava peixe e alimentava a família de seis pessoas é atualmente território de

---

18 O Sairé copiou, no século 20, a ideia de Parintins, criando a disputa entre o carimbo do Boto Cor-de-rosa e o do Boto Tucuxi.

1 | A Caravana JN e o Brasil sobre as cinco rodas

jacarés, protegidos pelo Ibama. As fazendas de gado também apareceram na voz do pescador como responsáveis por secar os laguinhos. A escassez da pesca surgia na imagem do pequeno peixe que supostamente foi capturado pelo pescador após a puxada da rede. Em seguida, Pedro Bial questionou qual era o desejo do entrevistado, retratado como um homem de face cansada e olhar distante. Seu pedido orientou-se pela diminuição da superpopulação de jacarés nos lagos. A reportagem finalizou com a voz do pescador, que apelou: "Eu queria que liberassem um ano, dois anos o jacaré".

Apesar de a reportagem retratar problemas de grande proporção, como o desemprego e a fome, trazendo um aspecto negativo para o município, não foi feita qualquer menção ou alusão direta ao Governo Federal. O que ficou expresso na voz do pescador foi uma associação entre a superpopulação de jacarés e o fim da vasta pescaria.

A última passagem da *Caravana JN* pela região Norte aconteceu em Manaus, capital do Amazonas. Diante da grandiosidade de Manaus, a equipe de Pedro Bial elaborou uma reportagem que retratou os córregos enlameados e a poluição dos igarapés da região. As imagens mostraram as pobres moradias, cercadas por muita sujeira e lama, que ficam na chamada área balneária da região.

Os moradores relatavam à equipe a preocupação com a limpeza dos igarapés. Um morador lembrava: "Esse Igarapé era todo limpinho, a água era cristalina". Outra moradora complementava: "Tudo isso era o balneário daqui e todo mundo frequentava, de todas as classes, todo mundo tomava banho aí. E se namorava um bocado, fazia muitas crianças dentro dos igarapés. Pegava muita qualidade de peixe, hoje em dia não tem nada, só é poluição".

Após apresentar relatos de inúmeros moradores sobre a poluição dos igarapés, o apresentador esclarecia que o desejo da população na capital amazonense era um só: a limpeza dos igarapés. A reportagem da *Caravana JN* em Manaus não abordou a grandiosidade da região, o teatro Amazonas, com seus festivais de cinema e óperas, seus monumentos e arquitetura europeia.

Tampouco enfatizou que já existe um trabalho promovido pelo governo do Amazonas de saneamento e urbanização dos igarapés, chamado Prosamim (Programa Social e Ambiental dos Igarapés de Manaus)[19] que já recuperou boa parte desses locais e conta com mais de cinco mil famílias beneficiadas, retiradas de áreas de risco e transferidas para conjuntos habitacionais.

Por outro lado, apesar do foco negativo que envolveu o tema, não houve qualquer menção ou conexão do problema o Governo Federal.

1.5 Análise interpretativa da região Centro-Oeste do Brasil

Faltando oito dias para o final do projeto, a *Caravana JN* ingressou na região Centro-Oeste do país. Diferentemente das demais regiões, as reportagens veiculadas por Pedro Bial e sua equipe abordaram temas polêmicos e de extensa repercussão, como o fim da corrupção e mudanças políticas.

Vale ressaltar que o discurso do fim da corrupção e da mudança política serviu como mote de campanha para o candidato de oposição ao governo, Geraldo Alckmin (PSDB), já que seu maior opositor nas urnas, o candidato à reeleição Luiz Inácio Lula da Silva (PT), teve seu nome e o de seu partido envolvidos em escândalos e fraudes no uso de dinheiro público desde agosto maio de 2005.

As duas reportagens que antecederam o término da *Caravana JN*, nos municípios de São Miguel do Araguaia e Pirenópolis, tiveram como tema principal o discurso do fim da corrupção e da mudança política. As demais reportagens registradas nos

---

19 PROSAMIN já beneficiou mais de 2 mil famílias. Disponível em: <http://www.prosamim.am.gov.br/>. Acesso em: 29 ago. 2008.

I | A Caravana JN e o Brasil sobre as cinco rodas

municípios de Nova Crixás, Barra do Garça e Campo Verde apontaram para os impostos e as altas taxas de juros praticadas pelo Governo Federal.

Temas das reportagens na região Centro-Oeste do Brasil

Temas – Mato Grosso	Campo Verde	Barra do Garça			
Impostos	X				
Saúde		X			
Tema – Mato Grosso do Sul	**Corumbá**				
Educação	X				
Temas – Goiás	**Goiás**	**Nova Crixás**	**São Miguel do Araguaia**	**Pirenópolis**	
Cultura	X				
Imposto		X			
Política			X	X	
Tema – Distrito Federal	**Brasília**				
Política	X				

Em 21 de setembro de 2006, a *Caravana JN* chegou a Campo Verde, no estado do Mato Grosso. A reportagem de Pedro Bial ressaltou os benefícios trazidos pelo agronegócio e buscou legitimar a importância desse investimento para o crescimento da região. A reportagem mostrava do alto de um helicóptero uma extensa área verde, seguida de texto em *off* de Bial: "Reencontramos o asfalto em grande estilo, na moldura luxuosa da Chapada dos Guimarães. No centro do continente sul-americano cresceu Cuiabá, capital testemunha de uma revolução brasileira [...]. A revolução do agronegócio, que pela primeira vez em 500 anos iniciou de fato a interiorização do desenvolvimento no Brasil".

O desenvolvimento da região foi confirmado pelos moradores que falaram à equipe do *Jornal Nacional*: "A evolução foi grande, porque ninguém esperava que fosse evoluir tanto", afirma o entrevistado. "Campo Grande não existia", afirma um morador. Na sequência, a equipe de Pedro Bial entrevistou Jose Lazarini, ex-capataz que ascendeu a consultor administrativo da extensa fazenda de Pedro Garbujo. Na entrevista, o ex-capataz abordou os problemas da crise do agronegócio.

Lazarini falou sobre os riscos do negócio, sempre sujeito às condições climáticas e enfatizou que a crise atual no setor decorria da falta de infraestrutura, das taxas tributárias abusivas do Governo Federal, da concorrência dos transgênicos e da baixa do dólar. Lembrou, em um discurso aparentemente despretensioso, que no período que compreendeu a gestão do ex-presidente Fernando Henrique Cardoso (PSDB), a agricultura viveu a melhor época, conforme depôs em sua entrevista: "De 1996 até 2002, o agronegócio, a agricultura como um todo viveu uma época muito boa, uma fase muito boa. Nós, como os funcionários, a gente começou a ter condições melhores de trabalho, melhores salários e melhor qualidade de vida".

Em contrapartida, a matéria sugere que no governo do então presidente Luiz Inácio Lula da Silva (PT), o setor esteve em crise. O discurso de Pedro Bial é claro: "A falta de infraestrutura para escoar os produtos, a carga tributária, a concorrência dos transgênicos e o dólar baixo levaram à crise. Agora, depois de quatro anos de crise, a saída está na diversificação. Além da soja, gado, milho e muito, muito algodão".

Apesar de a reportagem não mencionar claramente tal comparação, há uma marcação cronológica (1996-2002) que transfere o sucesso do setor para o governo do ex-presidente Fernando Henrique Cardoso (PSDB), já que ele governava o país naquele período. A reportagem, às vésperas do primeiro turno da eleição, poderia funcionar como peça de publicidade favorável ao candidato Geraldo Alckmin (PSDB), que contou com o apoio do

1 | A Caravana JN e o Brasil sobre as cinco rodas

ex-presidente Fernando Henrique Cardoso (PSDB) durante toda a sua campanha.

A matéria seguinte aconteceu na região de Corumbá, no estado do Mato Grosso do Sul. A *Caravana JN* mostrou imagens que ressaltaram a beleza da região do Pantanal, com foco nas aves, pássaros, borboletas e peixes. O tema, entretanto, apontou para a falta de incentivo na educação. A entrevistada, de nome Isulina, 81 anos, ressaltou seu desejo na hora de votar: "Eu quero que vejam mais a parte das crianças, tem muita criança desamparada", comentou ela. Apesar de pontuar um assunto de extrema relevância, não houve alusão direta ao Governo Federal.

No dia 23 de setembro de 2006, a *Caravana JN* chegou a Barra do Garça, no estado do Mato Grosso. A reportagem abordou aquilo que, na voz de Pedro Bial, é um fenômeno nacional: explosão de farmácias por todo o país. Para introduzir a questão da precariedade no sistema de saúde nacional, o apresentador apontou: "O Brasil é um país cheio de farmácias. Em uma avenida de Barra do Garça, em menos de três quadras, é possível encontrar 14 farmácias. O que leva tanta gente a procurar as drogarias?".

A edição da reportagem permitiu que a pergunta de Bial fosse respondida pela população de Barra do Garça que ressaltou a precariedade do sistema de saúde no país. Os moradores da região apontaram: "É preciso melhorar a saúde, que está muito precária", afirmou um morador. "A saúde pública está um caos", disse uma senhora. "A saúde está doente", finalizou um morador. Apesar da relevância do tema saúde, não houve qualquer referência direta ao Governo Federal.

No dia 15 de setembro de 2006, a *Caravana JN* chegou a Goiás. A equipe de Pedro Bial ficou dedicada à elaboração da reportagem orientada para a cultura da região. Na voz do apresentador, a cidade de Goiás ganhou o título de Patrimônio Cultural da Humanidade, por conta do centro histórico da região que retrata o Brasil colonial. As belezas da cidade aparecem para o telespectador.

Bial ressaltou a importância da poeta Cora Coralina, que viveu na região. Abordou a beleza do trabalho de Goiandira do Couto, artista mundialmente conhecida, que trabalha com uma coleção de 551 tons de areias em suas pinturas.

A reportagem trouxe uma imagem positiva da região, entretanto, Pedro Bial não omitiu as dificuldades que encontrou para chegar ao estado de Goiás. O vídeo mostrou uma obra supostamente abandonada, uma ponte prestes a cair, visivelmente arriscada ao trânsito de carros. As dificuldades para o ônibus de a *Caravana JN* passar pela ponte foram transmitidas ao telespectador, seguidas da narração em *off* do apresentador: "Chegar ao estado de Goiás teve algo de pesadelo. Na BR-070, 80 quilômetros de chão em três horas". E continua: "Com pontes de meter medo. Há indícios de obras, paradas. Por que era domingo? Emergências não permitem folga". Importante notar que mais uma vez a reportagem da *Caravana JN* alertou para os problemas de infraestrutura do país, ligados principalmente à questão da manutenção das estradas.

No dia seguinte, a *Caravana JN* chegou ao interior de Goiás, na cidade de Nova Crixás. Como tema, a reportagem abordou a questão pecuarista, entrevistando dois fazendeiros, Kiko e Domingos Teixeira Rodrigues. Ambos apontaram as dificuldades de manter o negócio, já que o investimento é alto e a economia do país não favorece a exportação. Segundo esclarece Domingos: "Isso é um trabalho de longo prazo, um investimento muito alto, a gente chega a investir alguns milhões de reais para que o retorno venha em longo prazo". Pedro Bial, na sequência, traçou uma relação da crise da pecuária na região e apontou que o problema está nos juros altos aplicados pelo Governo Federal.

Além disso, o problema da exportação surgiu no discurso do pecuarista Kiko, que enfatizou: "Ao exportar o produto fica caro, fica tudo no mercado nacional, há uma superoferta de produtos e o preço abaixa e o grande problema nosso hoje é o dólar baixo".

1 | A Caravana JN e o Brasil sobre as cinco rodas

Aliada às reclamações dos empresários surgia a proposta de gerar mais empregos e impedir a demissão de cerca de 30% dos funcionários que atuam no campo, dedicados à pecuária e agricultura. A crise apresentada pela *Caravana JN* indicou os problemas da região, realçou aspectos negativos da economia do país e sugeriu que o Governo Federal é o único capaz de reverter o problema dos empresários, concedendo incentivos que resolveriam a questão do desemprego no campo.

Já a reportagem seguinte aconteceu no município de São Miguel do Araguaia, cidade que leva o nome do padroeiro da região, São Miguel Arcanjo. Dotada de teor religioso, a matéria apontou a trajetória de vida de São Miguel Arcanjo, sem ignorar temas primordiais que refletiam os problemas do país. A questão da falta de emprego na região surgiu no discurso dos moradores. Os pedidos apareciam repletos de imagens da precariedade do local. Na luta pela sobrevivência, a igreja apareceu como protetora dos miseráveis, segundo esclareceu Pedro Bial: "A paróquia do Padre Júnior recolhe comida para distribuir entre os desempregados de lá. Com o fechamento da principal fazenda e do frigorífico locais, São Miguel do Araguaia perdeu suas maiores fontes de renda". Essa passagem foi oportuna porque complementou e legitimou o discurso do dia anterior referente à crise da pecuária na região de Nova Crixás.

O discurso da mudança, do fim da crise e do desemprego, foi confirmado pela professora Leila que apontou que o voto pode mudar a história da cidade. Leila, em entrevista, afirmou que orienta seus alunos sobre a responsabilidade do voto. Segundo a professora: "Tirar aquela ideia de 'eu vou votar nulo porque no Brasil nada funciona, que só é corrupção'. Depende de nós agora mudar a situação".

Importante notar que o discurso da corrupção, tão recorrente no governo do então presidente Luiz Inácio Lula da Silva (PT), palco dos principais problemas de sua campanha, surgiu na pauta da *Caravana JN* apenas três dias antes do primeiro turno eleitoral.

O discurso da mudança que acompanha a reportagem não apareceu na voz de um morador qualquer da região, mas sim de uma professora, concedendo alta legitimidade à fala, já que o professor, no imaginário popular, detém o saber. A corrupção apareceu também nos discursos dos demais moradores que reivindicavam por mudanças.

No dia 28 de setembro de 2006, a *Caravana JN* chegou ao município de Pirenópolis, no estado de Goiás. A reportagem de Pedro Bial procurou discutir o processo democrático no país e entrevistou dois representantes da justiça eleitoral, os fiscais que trabalham nas eleições. O primeiro entrevistado, Lucas Barbosa, abordou a importância do voto para a democracia e o exercício da cidadania, e esclareceu que o voto representa a possibilidade de mudança, conforme segue:

> É sabido que uma descrença geral tem tomado conta do eleitorado brasileiro. Muitos de nós falamos: 'Vou votar nulo, vou anular meu voto, vou votar em branco, não vou votar em ninguém porque ninguém merece o meu voto'. Mas quando vai aproximando do dia primeiro de outubro, um sentimento de cidadania toma conta de nós e a gente quer mudar realmente o nosso país.

O discurso de mudança também apareceu na fala do entrevistado José Ricardo Frota que é presidente da seção eleitoral há 16 anos. O desejo de Frota para o próximo governante foi claro: "*Quebrar o encanto e renovar a esperança*". Interessante notar que a dinâmica da mudança apareceu nas últimas reportagens dois dias antes do primeiro turno da eleição presidencial. A mudança funcionava naquele período como uma analogia à não reeleição de Luiz Inácio Lula da Silva (PT), já que o candidato era também o atual presidente do país. Vale lembrar que o discurso da mudança percorreu toda a campanha política do maior opositor do Lula nas pesquisas: o candidato Geraldo Alckmin (PSDB).

1 | A Caravana JN e o Brasil sobre as cinco rodas

A *Caravana JN* encerrou o seu percurso na capital do Brasil, Brasília, no dia 29 de setembro de 2006. A equipe de Pedro Bial entrevistou Ricardo Caldas, cientista político da Universidade de Brasília. Temas como saúde, educação, infraestrutura básica, estradas, impostos abusivos e outros problemas foram debatidos pelo pesquisador.

Caldas esclareceu o papel de cada governante nos temas propostos por Pedro Bial. Em uma das passagens, ele explicou que a segurança pública, de modo geral, é atribuição do Estado, do governo estadual e pontuou a importância do Governo Federal em transferir recursos para que as mais diversas regiões possam resolver essa problemática.

O ponto crucial da entrevista refletiu na dinâmica que Caldas estabeleceu entre voto e exercício de democracia. O pesquisador deixou claro que votar não é o suficiente:

> O primeiro passo é o cidadão verificar se realmente está havendo qualidade da educação na sua cidade e, a partir dessa verificação, começar a se organizar e exigir, seja do prefeito, seja indiretamente do governo estadual para que aqueles recursos sejam bem aplicados e não sejam desviados da sua função original.

Suas afirmações são dotadas de importância já que existe uma ideia equivocada sobre o papel da democracia no país. A tentativa de vincular a eleição e o voto ao exercício de democracia esconde uma violência contra os cidadãos, tornando-os responsáveis pela gestão dos governantes e apáticos em relação às possibilidades de reivindicações e cobranças. Caldas finalizou seu discurso esclarecendo que a chave para a democracia não se realiza somente na hora do voto, mas no acompanhamento e cobrança constantes dos governantes, no que tange ao cumprimento de propostas e ações para a população. Para o pesquisador: "A democracia, ela não se resume ao voto. As pessoas pensam que democracia é votar, é ir ou fazer campanha, não, democracia é um processo. Ele não tem fim". Dois dias antes do primeiro turno eleitoral, o tema democracia encerra o projeto *Caravana JN*. Relevante, a reportagem de Pedro Bial em Brasília traz uma alerta sobre o que deveria ser o exercício real da cidadania no país.

2. Contexto da eleição presidencial de 2006

O cenário da eleição presidencial de 2006 enfatizou o discurso da continuidade, com a confirmação prévia da candidatura de Luiz Inácio Lula da Silva, do Partido dos Trabalhadores (PT), disputando seu segundo mandato. O pleito também foi marcado pela manutenção da verticalização, regra pela qual os partidos não podem fazer alianças eleitorais nas disputas pelos governos estaduais, diferentemente daquelas feitas em nível nacional.

A justiça eleitoral votou pela manutenção da verticalização no dia 3 de março de 2006. Cinco dias depois, o Congresso Nacional aprovou uma Emenda Constitucional que estabelecia o fim da regra. Entretanto, as regras da legislação eleitoral permitem que as mudanças para o pleito ocorram com pelo menos um ano de antecedência às eleições, fazendo com que o fim da verticalização entrasse em vigor somente nas eleições de 2010.

Novas mudanças sobre as rumos da verticalização voltaram a ocorrer em 8 de junho de 2006, data em que o Tribunal Superior Eleitoral (TSE) recuou da decisão de manter a regra até para partidos que não apoiavam nenhuma candidatura nacional, e as coligações regionais puderam livremente apoiar os partidos com candidato à presidência.

O Partido do Movimento Democrático Brasileiro (PMDB) utilizou como argumento o fim da verticalização para não lançar candidato à disputa majoritária. O episódio causou inúmeras discussões entre os membros do partido e foi responsável por gerar uma ruptura interna no PMDB.

A divisão se dava em três frentes: a primeira, considerada a elite governista, sob o comando do ex-presidente José Sarney e do então presidente do Senado, Renan Calheiros, não apoiava a candidatura própria; a segunda insistia na escolha de um pré-candidato e tinha na linha de frente Anthony Garotinho, ex-governador do Rio de Janeiro, Germano Rigotto, ex-governador do Rio Grande do Sul, Pedro Simon, senador do Rio Grande do Sul e o ex-presidente Itamar Franco. Existia ainda uma minoria favorável a dar apoio ao candidato Geraldo Alckmin, do Partido da Social Democracia Brasileira (PSDB), compondo a terceira frente do partido.

Mesmo com a pressão de Garotinho, que venceu Rigotto em 19 de março de 2006, em uma consulta interna, o PMDB não acatou a decisão e optou por escolher o candidato somente na convenção do partido, marcada para junho de 2006. Como a convenção não ocorreu, o partido decidiu não apoiar a candidatura de Garotinho, que desistiu da competição.

Outra disputa acirrada para a escolha do candidato aconteceu no Partido da Social Democracia Brasileira (PSDB). Entre as opções, concorriam Geraldo Alckmin, na época governador de São Paulo, e o então prefeito de São Paulo, José Serra. Alckmin foi escolhido como candidato e contou com o apoio do Partido da Frente Liberal (PFL), que optou por não lançar candidatura própria, formando, com o PSDB, a coligação "Por um Brasil Decente". O candidato tucano também recebeu o apoio informal do Partido Popular Socialista (PPS), que desistiu de lançar a candidatura de Roberto Freire e coligou-se ao PSDB apenas em alguns estados.

O Partido Democrático Trabalhista (PDT) também se envolveu em uma discussão interna que dividia a opinião de seus membros: lançar candidato à presidência do país ou liberar o partido para articular diferentes alianças nos estados. A última opção acabou prevalecendo e o PDT lançou o senador Cristovam Buarque como candidato.

Os partidos de menor representatividade optaram por candidaturas próprias em vez de coligações. O Partido Social Democrata Cristão (PSDC) lançou a candidatura de José Maria Eymael e o Partido Social Liberal, o empresário Luciano Bivar como candidato. A cientista política Ana Maria Rangel recorreu da sentença que impugnou sua candidatura, saiu vitoriosa e disputou o pleito como candidata do Partido Republicano Progressista (PRP).[20]

Êxito semelhante não contou Rui Costa Pimenta, do Partido da Causa Operária (PCO), que obteve o pedido de registro de candidatura indeferido pelo Tribunal Superior Eleitoral (TSE), em função da falta de prestação de contas relativa à campanha presidencial das eleições de 2002. Como forma de protesto, o partido passou a utilizar o tempo relativo ao seu horário político para criticar o TSE.

No Partido dos Trabalhadores, o presidente Lula era o único candidato natural à disputa pela reeleição presidencial de 2006. Devido à verticalização, o PT atraiu o Partido Comunista do Brasil (PC do B) e o Partido Republicano Brasileiro (PRB), apenas dois para compor a coligação "A Força do Povo". A candidatura de Lula (PT) foi lançada em 24 de junho de 2006 e trouxe novamente como vice-presidente José Alencar, do PRN. Além disso, a candidatura contou com o apoio informal de membros do Partido Liberal (PF), do Partido do Movimento Democrático Brasileiro (PMDB), do Partido Socialista Brasileiro (PSB) e do Partido Trabalhista Brasileiro (PTB).

Apesar das poderosas alianças, o Partido dos Trabalhadores também contou com intensa adversidade na disputa partidária,

---

20 Ana Maria Rangel envolveu-se em várias polêmicas durante o período eleitoral: lançou sua candidatura contra a vontade do presidente do PRP, Ovasco Resende, que pediu imediatamente sua expulsão. Diante disso, a candidata denunciou Resende, no dia 30 de junho, no *Jornal Nacional*, alegando que sofreu uma extorsão para que ele liberasse sua candidatura.

a começar pela formação do Partido Socialismo e Liberdade (PSOL), fundado pela senadora e ex-dissidente do PT, Heloísa Helena, que tecia críticas e acusações diárias contra o PT. A expulsão de Heloísa Helena do Partido dos Trabalhadores, após se mostrar contrária às medidas tomadas pelo governo Lula (PT), impulsionou sua candidatura à presidência do Brasil, formando a coligação "Frente de Esquerda", em aliança com o Partido Comunista Brasileiro (PCB) e o Partido Socialista dos Trabalhadores Unificados (PSTU).

O PSOL, sob o comando de Heloísa Helena, foi o partido que mais utilizou sua campanha para criticar o presidente Lula (PT) e seus assessores, acusando-os de envolvimento em esquemas de corrupção e de governar para uma minoria rica. As acusações da candidata também se estendiam ao PSDB, que, na figura do ex-presidente Fernando Henrique Cardoso, aplicou juros elevados e privatizou o patrimônio nacional.

O candidato Cristovam Buarque (PDT), consciente do baixo desempenho que teria nas urnas, centralizou sua campanha na "educação", com promessas que previam uma revolução no ensino e associava o tema ao desenvolvimento econômico, cultural, social e político da nação.

O maior embate centralizava-se entre o candidato à reeleição Luiz Inácio Lula da Silva (PT) e o candidato Geraldo Alckmin (PSDB). Pressionado pela possibilidade de não alcançar o segundo turno, o candidato tucano Alckmin investiu em uma campanha que apontava os desacertos do governo Lula, criticando também as elevadas taxas de impostos e a crise ética que envolveu o Partido dos Trabalhadores durante o primeiro mandato. A falta de um projeto nacional, com propostas claras para o país, era evidente nas campanhas de todos os candidatos, mas sobretudo nas propostas de Alckmin (PSDB), que se comprometia em continuar os projetos sociais implantados na gestão Lula (PT).

Já Lula (PT) divulgava suas realizações como presidente da República, contrastando-as com o desempenho do ex-presidente

Fernando Henrique Cardoso (PSDB). Além disso, reforçava diariamente o compromisso de governar para os mais pobres, apontando suas principais obras, como o programa Bolsa Família e o Luz para Todos.

O rumo adotado pela campanha de Lula (PT) permitia que o candidato petista liderasse a corrida presidencial, com uma larga vantagem sobre o adversário Alckmin (PSDB). As chances da reeleição de Lula (PT), em um primeiro turno, apareciam nas pesquisas de intenção de voto, dos mais diversos institutos de pesquisa, conforme apontamos a seguir.

2.1 As pesquisas de intenção de voto

Durante o primeiro turno das eleições presidenciais de 2006, as pesquisas de intenção de voto, veiculadas antes mesmo da definição assertiva dos candidatos que concorriam ao pleito, já apontavam a reeleição de Luiz Inácio Lula da Silva (PT). Mesmo com o início da campanha eleitoral, Lula (PT) permaneceu à frente na corrida presidencial.

O cenário de estabilidade que percorreu o primeiro turno eleitoral tornou, na visão do pesquisador Marcos Coimbra (2006, p. 188), a eleição monótona, já que muito pouco aconteceu em tantos meses. Para o autor, o desânimo eleitoral devia-se ao equilíbrio que Lula mantinha nas pesquisas, com vantagens sempre próximas a 20 pontos percentuais em relação aos seus adversários.

A pesquisa de intenção de votos, realizada pelo Instituto de Pesquisa Datafolha, nos dias 28 e 29 de junho de 2006, antes do início do horário gratuito de propaganda eleitoral (HGPE), mostrava a vantagem de Lula (PT) sobre Alckmin (PSDB) e Heloísa Helena (PSOL), conforme aponta o gráfico a seguir.

A TRAJETÓRIA DOS CANDIDATOS

Datafolha mostra que campanha chega ao final sem nenhuma mudança de posição entre Lula e Alckmin

VOTOS TOTAIS: Resposta estimulada e única, em %
Campanha do 1º turno

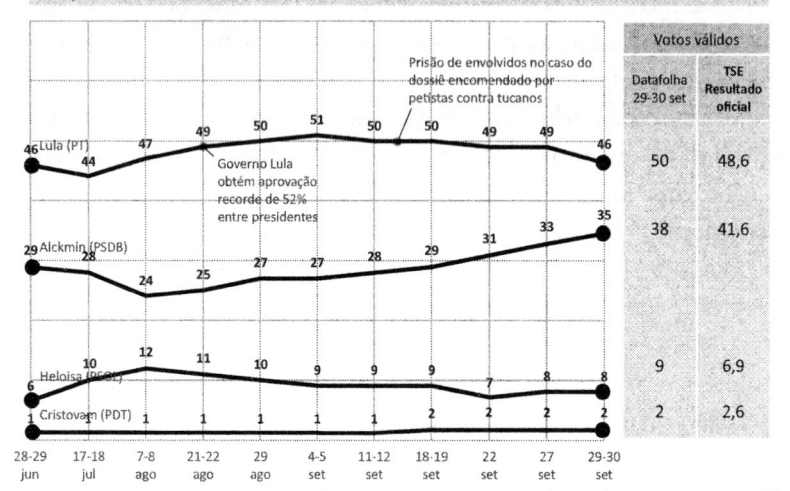

Evolução da intenção estimulada de voto na corrida presidencial – primeiro turno[21]

Na pesquisa, fica visível o crescimento do candidato Lula (PT), que passou de 44% para 47% das intenções de voto, entre 18 de julho e 8 de agosto, ou seja, em 21 dias, o candidato atingiu uma sensível diferença em relação ao segundo colocado na disputa, o candidato Alckmin (PSDB), que caiu 4 pontos percentuais, passando de 28% para 24% das intenções de voto. Já a candidata do PSOL, Heloísa Helena, apresentou um crescimento de 2 pontos percentuais, roubando intenções de voto do candidato Lula (PT) e, no período posterior, do candidato Alckmin (PSDB). Vale destacar que o candidato Cristovam Buarque (PDT) manteve os mesmo índices em todas as pesquisas de intenção de voto, oscilando entre 1 e 2 pontos percentuais.

Com o horário gratuito de propaganda eleitoral (HGPE), que teve início em 15 de agosto de 2006, o candidato à reeleição Lula (PT) sofreu inúmeros ataques de seus adversários, que lançaram críticas severas à sua gestão, associando a imagem do presidente e do

---

21 Evolução da intenção estimulada de voto na corrida presidencial. Disponível em: < http://datafolha.folha.uol.com.br/eleicoes/2006/2006_index.php>. Acesso em: 10 jun. 2009.

Partido dos Trabalhadores a esquemas de corrupção e à falta de ética governamental. Mesmo com as acusações, após duas semanas do HGPE, em 29 de agosto de 2006, a pesquisa do Instituto Datafolha mostrava que o favoritismo de Lula (PT) mantinha-se estável, com crescimento de 2 pontos percentuais em relação à pesquisa de 8 de agosto do mesmo ano, alcançando 50% das intenções de voto.

Já o candidato Alckmin (PSDB) também oscilava positivamente desde o início da propaganda eleitoral e a pesquisa de intenção de votos marcava seu crescimento em 2 pontos percentuais, conquistando 27% das intenções de voto, no dia 29 de agosto de 2006. A candidata do PSOL, Heloísa Helena, que havia apresentado sensível crescimento entre os meses de junho e agosto de 2006, decaía na disputa e perdia 2 pontos.

A mudança no tom de campanha da coligação (PSDB-PFL) "Por um Brasil Decente", no horário gratuito de propaganda eleitoral (HGPE), que no final de agosto passou a intensificar os ataques ao candidato à reeleição, Luiz Inácio Lula da Silva (PT), não surtiu o efeito desejado e o favoritismo do candidato petista continuou inabalável. A pesquisa realizada entre 4 e 5 de setembro de 2006 mostrou que o candidato petista, Lula, oscilou um ponto para cima, em comparação ao resultado anterior, e passou de 50% para 51% das intenções de voto, enquanto o candidato tucano, Alckmin, manteve-se estável, com 27% das preferências. Já candidata do PSOL, Heloísa Helena, oscilou novamente nas pesquisas e perdeu mais um ponto percentual, marcando 9% das intenções de voto. Vale ressaltar que as pesquisas de intenção de votos apontavam até 29 de agosto de 2006 a vitória de Lula (PT) no primeiro turno, mesmo considerando a margem de erro de 2 pontos percentuais para cima e para baixo.

Um momento de impacto na candidatura de Lula (PT) aconteceu após as denúncias de corrupção, envolvendo membros e assessores de sua campanha na compra de um dossiê encomendado para comprometer a imagem do candidato à disputa do governo do estado de São Paulo, José Serra (PSDB). No dia 15 de setembro de 2006, a Polícia Federal prendeu dois petistas em um

1 | A Caravana JN e o Brasil sobre as cinco rodas

quarto de hotel próximo ao aeroporto de Congonhas, em São Paulo, com US$ 248,8 mil dólares, que seriam supostamente usados para pagamento de um dossiê que associava o candidato José Serra (PSDB) à máfia dos sanguessugas. O evento foi amplamente divulgado pelos órgãos de comunicação do país e sobretudo pelos adversários de Lula (PT) na disputa eleitoral, em especial, o candidato tucano Alckmin, que usou o tempo do horário gratuito de propaganda eleitoral (HGPE) para explorar o tema.

Conforme aponta a o gráfico de intenção de votos a seguir, o candidato à reeleição, Lula (PT), perdeu, após o escândalo do dossiê, 2 pontos percentuais nas pesquisas, que marcavam 50% das intenções de votos nos dias 11 e 12 de setembro e passou para 49% nos dias 22 e 27 de setembro de 2006. Em contrapartida, o candidato Alckmin (PSDB) cresceu 5 pontos percentuais e passou de 29% das intenções de voto, na pesquisa realizada entre os dias 11 e 12 setembro, para 33% em 27 de setembro de 2006. Já a candidata do PSOL, Heloísa Helena manteve a curva de declínio e obteve 8% das intenções de voto na pesquisa de 27 de setembro do mesmo ano.

A candidatura do Luiz Inácio Lula da Silva (PT) sofreu o maior declínio às vésperas do primeiro turno eleitoral, quando o candidato petista apresentou uma queda de três pontos percentuais, alcançando 46% das intenções de voto, na pesquisa realizada entre os dias 29 e 30 de setembro. Coimbra (2006, p. 197) atribuiu o declínio de Lula à ausência do candidato petista no último debate da Rede Globo, realizado no dia 28 de setembro de 2006. A queda de Lula (PT), atrelada ao crescimento do candidato Geraldo Alckmin (PSDB), que nas pesquisas alcançava 35% das intenções de voto, já indicava que a disputa iria para o segundo turno.

Nem mesmo a vantagem eleitoral que o candidato petista Lula obtinha nas regiões Nordeste e Norte do país seria suficiente para permitir sua vitória no primeiro turno. O gráfico, de intenção de votos por região, realizado pelo Instituto de Pesquisa Datafolha apontava as posições de Lula (PT), Alckmin (PSDB) e Heloísa Helena (PSOL) na corrida presidencial.

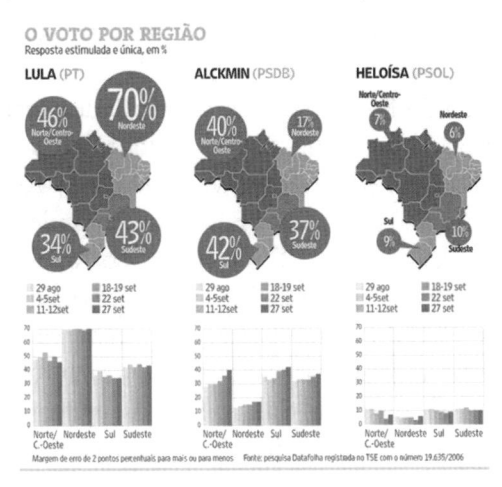

Intenção de voto por região[22]

Fica visível no gráfico que, na região Sul, o candidato à reeleição, Luiz Inácio Lula da Silva (PT), tinha o pior desempenho, já que, na média das pesquisas realizadas entre 29 de agosto e 27 de setembro, obteve 34% pontos percentuais, ao passo que seu adversário Geraldo Alckmin (PSDB) somou 42% das intenções de voto. As pesquisas de intenção de voto mostravam ainda que, na região Nordeste, o candidato Lula (PT) obtinha significativa vantagem eleitoral sobre seu adversário Alckmin (PSDB), conquistando uma média de 70% das intenções de voto, contra 17% do segundo colocado na disputa.

Na região Norte, Lula (PT) também obtinha vantagem sobre seu adversário Alckmin (PSDB), mas o inverso acontecia no Centro-Oeste do Brasil. A junção das duas regiões, exposta nas pesquisas do Instituto Datafolha, sugere um empate entre Lula e Alckmin, com pequena margem de vantagem para o candidato petista, que somava uma média de 46% das intenções de voto, contra 40% do candidato do PSDB. O Sudeste também indicava uma pequena vantagem para o candidato Lula (PT), que

22 Intenção de voto por região. Disponível em: <http://datafolha.folha.uol. com.br/eleicoes/2006/2006_index.php>. Acesso em: 10 jun. 2009.

obtinha a média de 42% das intenções de voto, enquanto Alckmin (PSDB) contava com 37%.

A candidata do PSOL, Heloísa Helena, que se mantinha em terceiro lugar na disputa, apresentava melhor desempenho na região Sudeste do país, onde alcançava a média de 10 pontos percentuais, ao lado do baixo índice no Nordeste, onde obtinha apenas 6% das intenções de voto. Nas regiões Norte e Centro-Oeste, a pesquisa apontava a média de 7% das intenções de voto para a candidata e, no Sul do país, o percentual alcançava 9 pontos.

O baixo desempenho do candidato à reeleição, Luiz Inácio Lula da Silva (PT), na região Sul, ao lado da preferência dos eleitores nas regiões Norte e Nordeste, também aparecia em pesquisas realizadas por outros órgãos especializados. Como exemplo, tome-se a pesquisa realizada pelo CNI/Ibope,[23] entre os dias 5 e 7 de junho de 2006, com a amostra de 2002 sulistas, que apontava que os eleitores da região atribuíam as piores avaliações ao governo Lula (PT), com índice de reprovação de 51%, contra 42% de aprovação. A mesma pesquisa cita que, na região Nordeste, o candidato Lula obtinha o maior índice de aprovação, com 53% da população considerando seu governo entre "ótimo e bom".

Durante todo o período eleitoral, o bom desempenho do candidato à reeleição Lula (PT), principalmente nas regiões Norte e Nordeste, era relacionado aos projetos sociais criados durante sua gestão, sendo também influenciado pela divulgação de uma imagem de estabilidade econômica do país, naquilo que compunha o cenário político e social da época.

2.2 Aspectos da conjuntura socioeconômica

O governo do ex-presidente Fernando Collor de Mello, no início da década de 1990, demarcou o movimento neoliberal no

---
23 REGIÃO Sul dá ao governo Lula as piores avaliações de CNI/Ibope. Disponível em: <http://eleicoes.uol.com.br/2006/campanha/>. Acesso em 10 jun. 2009.

Brasil, que foi posteriormente absorvido por dois mandatos consecutivos de Fernando Henrique Cardoso (PSDB), e do qual a gestão Luiz Inácio Lula da Silva (PT) é também prisioneira. O autor Ricardo Antunes, no livro A *desertificação neoliberal no Brasil*, investiga os legados que tal política trouxe para o país, e aponta o brutal processo de privatização, o vasto movimento de financeirização e o enorme ritmo de precarização social como as maiores consequências do sistema político vigente.

Antunes (2005) aborda o aperfeiçoamento do modelo neoliberal desde o governo Collor, que, na visão do autor, iniciou o processo de modo aventureiro e representou uma espécie de "semibonapartista aventureiro, fonte inesgotável de irracionalidade", com a implantação de uma política que, apesar de seguir os ditames globais, trouxe como consequência a privatização acelerada, a desindustrialização avançada e a financeirização desmesurada.

Já o governo de Fernando Henrique Cardoso (1994-2002) foi marcado por uma "racionalidade acentuada" e o país mergulhou de vez no padrão tipicamente neoliberal das políticas públicas, com crescimento da dívida externa, expansão acelerada da dívida pública, elevadas taxas de juros, ondas frequentes de privatizações, desregulamentação do mercado de trabalho e abertura comercial e financeira acelerada por meio de uma política de valorização cambial, posteriormente revertida ao câmbio flutuante, o que implicou a multiplicação das dívidas em dólar do Produto Interno Bruto (PIB) (ANTUNES, 2005).

Quando Luiz Inácio Lula da Silva (PT) venceu as eleições em 2002, o cenário era de imensa instabilidade econômica. A vitória do candidato petista veio cercada da esperança de um processo de desmoronamento do neoliberalismo. Entretanto, no primeiro mandato do governo Lula (PT), os elementos de continuidade permaneceram, a começar pela semelhança entre a política econômica do novo presidente e a de seu antecessor. Conforme esclarece Antunes (2005), a primeira reforma da gestão Lula, no ano de 2003, foi a (contra) reforma da previdência pública e sua

1 | A Caravana JN e o Brasil sobre as cinco rodas

privatização, que, agendada pelo Fundo Monetário Internacional (FMI), foi aceita sem resistência pela base governista.[24] No primeiro mandato, o presidente Lula (2002-2006) também não rompeu a política de privatizações, e a primeira de sua gestão aconteceu em 10 de fevereiro de 2004, quando o Banco Bradesco comprou o BEM (Banco do Estado do Maranhão), vencendo o leilão com um lance de R$78 milhões. O episódio deu início a uma série de novas privatizações que ocorreram durante seu mandato.

Na linha da similaridade com o ex-presidente Fernando Henrique Cardoso (PSDB), o governo Lula (PT) manteve o apoio ao capital transnacional e privilegiou o capital financeiro, atendendo sobretudo aos interesses do FMI (Fundo Monetário Internacional), que, conforme esclarece Antunes (2005), "não cansa de citar o governo Lula como exemplo da América Latina".

A promessa pela profunda reforma agrária, que acompanhou o discurso de Lula (PT) durante toda sua trajetória política, também não foi implementada no seu primeiro mandato. Por outro lado, o governo Lula (PT) pôs em prática inúmeros programas sociais, para minimizar os impactos da miséria no país e supostamente mascarar os efeitos de uma política econômica benéfica para o grande capital. O programa Fome Zero, criado pelo governo em 2003, foi um deles e tornou-se a marca registrada do governo petista.

A proposta do programa Fome Zero, coordenado pelo Ministério de Desenvolvimento Social e Combate à Fome, consistia em garantir aos cidadãos mais carentes o direito a alimentos básicos. O programa ainda vigente conta com iniciativas abrangentes que vão desde ajuda financeira às famílias pobres, como o cartão Bolsa Família, até a criação de cisternas no sertão nordestino. O Bolsa Família, integrado ao Programa Fome Zero, tem como objetivo principal reduzir a pobreza a curto prazo, por meio da transferência condicionada de capital para as famílias pobres e

---

24 Entre os conteúdos previstos pela reforma, pode-se destacar maior contribuição dos servidores públicos aposentados e o aumento da idade mínima para aposentadoria.

miseráveis, com a condição de que estas mantenham seus filhos vacinados e na escola.

Os vinte municípios mais pobres do país,[25] com baixo Índice de Desenvolvimento Humano (IDH), localizados na região do semiárido nordestino, foram os primeiros a receber o cartão do programa Bolsa Família, que dava direito a R$50,00 (cinquenta reais) por mês, e privilegiou inicialmente 50 mil famílias.[26] No ano de 2006, quando o candidato Lula (PT) se preparava para a reeleição, o número de beneficiados do programa havia saltado para mais de 11 milhões de famílias, um aumento de 144,33% em relação ao ano de 2004, quando o programa atendia, aproximadamente, 4,5 milhões de famílias.

O número de famílias atendidas pelo Bolsa Família nas cinco regiões do Brasil, durante o primeiro mandato do presidente Luiz Inácio Lula da Silva (PT), aponta a explosão do número de beneficiários do programa. O quadro a seguir mostra os indicativos por ano e regiões do Brasil.

Beneficiados pelo Bolsa Família*

Regiões	Número de famílias beneficiadas em 2004	Número de famílias beneficiadas em 2006
Nordeste	2.437.945	5.534.610
Norte	386.086	1.009.689
Centro-Oeste	189.056	609.027
Sul	426.977	1.057.613
Sudeste	1.110.405	2.907.135

Fonte: BRASIL. Ministério do Desenvolvimento Social e Combate à Fome – MDS (2007).
*Criada pela autora.

---

25 Relação dos primeiros municípios que receberam o Bolsa Família: Diamante do Sul, Itaperuçu, Curiúva, Mariluz, São Jerônimo da Serra, Godoy Moreira, Rio Branco do Ivaí, Palmital, Rio Bonito do Iguassu, Cândido de Abreu, Ventania, Rosário do Ivaí, Santa Maria do Oeste, Guaraqueçaba, Laranjal, Imbaú, Reserva, Mato Rico, Doutor Ulysses, Ortigueira.
26 LULA lança novos projetos sociais sob críticas. Disponível em: <http://www.bbcbrasil.com>. Acesso em: 2 jun. 2009.

1 | A Caravana JN e o Brasil sobre as cinco rodas

O quadro demonstra que o maior número de famílias atendidas pelo programa Bolsa Família em 2006 residia nas regiões Nordeste e Sudeste. É importante destacar ainda o crescimento abrupto dos atendidos na região Centro-Oeste, que passou de 189.056 para 609.027 famílias beneficiadas, registrando um aumento de 322,14%. Evento semelhante aconteceu na região Norte do país, que obteve em 2006 um crescimento de 261,51%, passando de 386.086 para 1.009.689 famílias beneficiadas.

Além disso, o governo Lula (PT) colocou em prática projetos na área da educação, com destaque para o Programa Universidade para Todos (ProUni), criado no ano de 2004, que tem por objetivo permitir o acesso de jovens de baixa renda à educação superior, por meio de concessão de bolsas de estudo, integrais ou parciais, e o Programa de Erradicação do Trabalho Infantil (Peti), criado em 1996, ainda na gestão do ex-presidente Fernando Henrique Cardoso, que visava reenviar à escola crianças e adolescentes entre 7 e 15 anos de idade que exercessem qualquer tipo de trabalho, concedendo bolsas mensais aos pais, que em troca deveriam garantir que os filhos estudassem.

Ainda com destino à população de baixa renda e residentes no campo, o governo Lula (PT) criou, em novembro de 2003, o programa Luz para Todos, que tinha por objetivo levar energia elétrica a 10 milhões de brasileiros residentes no meio rural até o ano de 2008. Outros projetos sociais nasceram durante o primeiro mandato do Lula (PT), o que funcionava como ferramenta mercadológica para o candidato à reeleição, já que inúmeras publicações associavam o programa Bolsa Família à redução do índice de miséria no país, que conforme apontava a pesquisa da Fundação Getúlio Vargas (FGV) havia caído em 27,7%, entre os anos de 2002 e 2006.[27]

A preocupação que Lula (PT) demonstrava no combate à fome, ao lado de uma política que privilegiava o desenvolvi-

---
27 REDUÇÃO da miséria no governo Lula. Disponível em: <http//www.fgv.br>. Acesso: 10 jun. 2009.

mento econômico, fez com que o presidente fosse visto como representante legítimo da Terceira Via. A Terceira Via, criada pelo sociólogo britânico Anthony Giddens, é uma corrente da ideologia social-democrata que defende a existência de um Estado, cuja interferência na economia não seja máxima, como no socialismo, nem mínima, como no liberalismo, mas que molde-se de acordo com a conjuntura do país. Esta teoria prevê ainda um Estado responsável por gerir o desenvolvimento social do país, atuando principalmente no combate à miséria. Em entrevista ao site BBC Brasil, Giddens pontuou: "Lula se encaixa no pensamento teórico da Terceira Via, porque é um social-democrata que quer ajudar os mais pobres e, ao mesmo tempo, promover o crescimento econômico".[28]

Apesar da visibilidade que o presidente Luiz Inácio Lula da Silva (PT) conquistava em âmbito internacional, e do apoio da massa, com 51% da população considerando sua gestão entre "ótima e boa", seu governo sofria um desgaste contínuo, com uma exposição massiva nos órgãos de comunicação do país, que diariamente denunciavam esquemas de corrupção e fraudes, envolvendo o Partido dos Trabalhadores (PT) e seus assessores.

A primeira grande crise que Lula (PT) enfrentou durante o primeiro mandato, começou a ser divulgada em 7 de junho de 2005 e foi batizada pela mídia de "escândalo do mensalão". O termo evoca o pagamento de uma suposta mesada, ou mensalidade, que era repassada aos deputados federais, para que votassem a favor de projetos de interesse do poder legislativo. A preocupação com a governabilidade, ou seja, em ter a maioria da bancada favorável às suas propostas, fez com que a base governista de Lula (PT) articulasse acordos com partidos, ofertasse cargos ministeriais e se envolvesse no pagamento de valores mensais, por meio das mais variadas formas de barganha política.

---

28 LULA acerta ao radicalizar políticas de FHC, diz "pai" da Terceira Via. Disponível em: <http://www.bbc.co.uk/portuguese/noticias/story/2003/07/030715_giddenstp.shtml>. Acesso: 10 jun. 2009.

1 | A Caravana JN e o Brasil sobre as cinco rodas

Os indícios de um suposto mensalão surgiram quando o funcionário dos Correios, Maurício Marinho, foi flagrado recebendo propina de empresários e passou a ser alvo de investigações. Além de Marinho, o então deputado federal Roberto Jefferson (PTB), também foi acusado de participar do esquema. Abandonado pelo governo e se sentindo acuado, Jefferson concedeu uma entrevista, em junho de 2005, denunciando a compra de votos dos parlamentares no Congresso Nacional.

O esquema consistia no pagamento mensal de R$30 mil aos parlamentares, para que votassem a favor das propostas do presidente Lula (PT) no Congresso Nacional. Em entrevista, o ex-deputado federal Roberto Jefferson apontava que a mesada era paga pelo tesoureiro do PT, Delúbio Soares, e pelo empresário Marcos Valério de Souza, proprietário de duas agências de publicidade, a SMP&B e a DNA Propaganda. Jefferson pontuou os detalhes do processo e registrou que, para esconder o "caixa dois" da campanha do PT, empresas que faziam doações ao partido tinham os valores repassados diretamente para uma das agências de Marcos Valério, que era responsável por ocultar as irregularidades. Para o dinheiro voltar ao PT, Marcos Valério contraía empréstimos bancários no Banco BMG, Banco do Brasil e Banco Rural e quitava os valores com o dinheiro depositado em sua conta pelos doadores.

A investigação do esquema fraudento, que durou 120 dias, gerou uma exposição diária do governo Lula (PT) na imprensa e culminou com a queda do então ministro-chefe da Casa Civil, José Dirceu, do presidente do PT, José Genoino, do tesoureiro Delúbio Soares e de outros assessores do Partido dos Trabalhadores. Após o episódio do mensalão, o governo passou a sofrer novas acusações de corrupção e de envolvimento em esquemas fraudulentos, divulgados pela grande imprensa, que investia pesadamente na desconstrução da imagem do presidente Lula (PT), enquanto ele se preparava para a reeleição em 2006.

2.3 A cobertura da grande mídia na eleição de 2006

A cobertura política da eleição presidencial de 2006 foi intensa nos principais jornais, telejornais e revistas semanais de informação em todo o país. O pesquisador Lima (2006, p. 17), ao aplicar os critérios de valências nas reportagens veiculadas durante a campanha eleitoral, aponta que o presidente e candidato à reeleição Lula (PT) obteve um número significativamente superior de matérias negativas em comparação ao candidato de oposição Geraldo Alckmin (PSDB).

Lima (2006, p. 18) esclarece que a cobertura negativa do presidente Lula (PT) não começou no processo eleitoral, mas ao longo do desenvolvimento da crise política de maio de 2005, quando teve início o escândalo envolvendo denúncias de corrupção dentro e fora do governo. O episódio causou entre os jornalistas da grande mídia "um forte antilulismo, expresso no tipo de cobertura" (LIMA, 2006, p. 20), perceptível inclusive pela construção de reportagens partidarizadas.

Após o escândalo do mensalão, um setor dos meios de comunicação de massa declarou guerra político-midiática ao governo do presidente Luiz Inácio Lula da Silva (PT). A revista *Veja*, da editora Abril, por exemplo, apesar da falta de provas que comprovassem a vinculação de Lula (PT) aos casos de corrupção e esquemas de "caixa dois" do PT, insistia em desconstruir a imagem do presidente e abalar suas chances à reeleição. Desde 18 de maio de 2005, quando a crise se instalou, após o flagrante veiculado pela própria mídia do recebimento de propina de um funcionário dos Correios, das 32 capas publicadas pela revista *Veja*, pelo menos 20 traziam a crise do governo Lula ou do PT como tema principal (COLLING; RUBIM, 2006, p. 177).

Colling e Rubim (2006, p. 179), no artigo "Cobertura jornalística e as eleições presidenciais de 2006", retomam as principais capas da revista *Veja*, no ano de 2005, que tinham como foco críticas severas ao governo Lula.

1 | A Caravana JN e o Brasil sobre as cinco rodas

A capa do dia 22 de junho traz o busto de Lula com rachaduras e a manchete "Tem conserto?". A de 20 de julho, o rosto do Presidente em perfil na sombra ao fundo do título "Mensalão, quando e como Lula foi alertado". No dia 13 de julho, foto do rosto de Lula, demonstrando preocupação, com nova pergunta: "Ele sabia?". No dia 10 de agosto, Veja decide relacionar as denúncias com o processo de impeachment do ex-Presidente Fernando Collor de Mello. Ao grafar o nome do Presidente de maneira incorreta ("Lulla"), a revista usa a marca de Collor na campanha de 1989 e conclui que Lula está em situação semelhante à do seu antecessor. Ainda em 2005, Veja, dentro da lógica de partidarização editorial, pública, em reportagem de capa outra denúncia que acaba, posteriormente, por não se confirmar. A matéria, da edição de 2 de novembro, trata sobre dólares que teriam sido enviados de Cuba para a campanha de Lula, em 2002.

No ano de 2006, a série de ataques ao presidente e candidato Lula (PT) continuaram, com destaque para a capa da revista *Veja*, do dia 10 de maio de 2006, onde Lula aparece de costas e, por meio de um recurso gráfico, a revista coloca uma marca de solado de um calçado nas nádegas do presidente. A reportagem fazia referência à decisão do presidente boliviano Evo Morales de nacionalizar as reservas de petróleo do seu país, o que na visão da revista traria prejuízos à estatal brasileira Petrobras.

O Observatório Brasileiro de Mídia (OBM), coordenado por Kjeld Jakobsen (2006, p. 55), fez uma análise da cobertura da mídia impressa aos candidatos às eleições presidenciais de 2006. A pesquisa apontou que, durante o primeiro turno, a revista *Veja* fez 52 abordagens relacionadas aos quatro candidatos à presidência. O resultado demonstrou que o presidente e candidato à reeleição Lula (PT) teve o maior percentual de abordagens negativas. A candidatura de Lula (PT) obteve 19 abordagens, das quais 9 foram negativas. O presidente Lula (PT) teve 20 abordagens, com 18 valências negativas. Já o candidato Alckmin (PSDB) contou apenas com 10 abordagens, com apenas 4 negativas. Heloísa Helena teve três abordagens, equilibradas entre positiva, negativa e neutra. Já o candidato Cristovam Buarque (PDT) não foi mencionado nas reportagens da revista *Veja* referentes ao primeiro turno das eleições presidenciais (JACKOBSEN, 2006, p. 55).

Colling e Rubim (2006, p. 181) lembram que, durante a crise, o jornal *Folha de S.Paulo* também desempenhou um papel importante, apesar de uma atuação mais branda que a revista *Veja*. A tendência da própria *Folha*, que, ao longo dos últimos anos, tenta abordar de forma crítica todos os governos e partidos políticos, disfarçou a cobertura negativa reservada ao governo Lula (PT). Em junho de 2006, às vésperas do início da campanha eleitoral, a *Folha de S.Paulo* exibiu a manchete: *"Patrimônio de Lula dobra na Presidência"*. A reportagem fazia referência à evolução do patrimônio declarado de Lula (PT), que havia saltado de aproximadamente R$423.000,000 para R$840.000,00, no período de 2002 a 2006. A matéria, de teor puramente especulativo, veiculada em meio a uma cobertura de imprensa que privilegiava o tema corrupção, poderia facilmente induzir a uma suposta participação do presidente Lula (PT) em associações ilícitas.

A posição da grande mídia contra a reeleição do presidente Luiz Inácio Lula da Silva (PT) pode ser também confirmada na análise de outros veículos. O Observatório Brasileiro de Mídia realizou um estudo sobre a semana de 9 a 15 de setembro de 2006, considerando a cobertura jornalística dos jornais: *Correio Braziliense, Folha de S.Paulo, Jornal do Brasil, O Estado de S. Paulo, O Globo*, e das revistas: *Carta Capital, Isto É* e *Veja*. O resultado apontou que das 166 reportagens sobre Lula (PT), 51,8% foram consideradas negativas, 25,9% positivas e 22,3% neutras. Já o candidato de oposição ao governo, Geraldo Alckmin (PSDB), apareceu em 101 matérias, sendo 35,6% com valência positiva, 32,7% negativa e 31,7% neutra. Da mesma forma, as matérias sobre os candidatos Heloísa Helena (PSOL) e Cristovam Buarque (PDT) tiveram uma cobertura mais positiva durante o período.

1 | A Caravana JN e o Brasil sobre as cinco rodas

Na semana do dia 16 a 22 de setembro, logo após o envolvimento de petistas na compra do dossiê contra a candidatura de José Serra (PSDB) ao governo do estado de São Paulo, a análise do Observatório Brasileiro de Mídia, que considerou apenas as matérias veiculadas nos cinco jornais, apontou um cenário ainda mais desfavorável a Lula (PT). Das reportagens veiculadas sobre a campanha presidencial, o candidato à reeleição Lula (PT) obteve 62,5% de cobertura negativa, ao passo que o maior adversário de campanha, Alckmin (PSDB), teve apenas 20,6% de valência negativa. O presidente Luiz Inácio Lula da Silva (PT) também contou com enquadramento majoritariamente negativo, com 57,5% das reportagens criticando sua atuação governamental (COLLING e RUBIM, 2006, p. 184).

A cobertura da crise política, que se iniciou em maio de 2005, também ganhou visibilidade na mídia televisiva. Segundo esclarece Lima (2006, p. 18), o *Jornal Nacional*, da Rede Globo, chegou a ter mais de dois terços de seu tempo dedicado à crise. Durante esse período, "temas relevantes para o país e ações do governo Lula deixaram de ter a cobertura que mereciam", indica Lima. O autor estudou o enquadramento adotado pelo *Jornal Nacional* durante as diversas denúncias do governo Lula (PT) e constatou que em diversos episódios o telejornal foi omisso ou distorceu os fatos.

A pesquisadora Florentina Souza, ao analisar a cobertura do *Jornal Nacional* nas eleições presidenciais de 2002 e 2006, defendeu a tese de que o noticiário construiu, por meio do enquadramento, grau de visibilidade e valência, um cenário que privilegiou, beneficiou e marginalizou os candidatos que concorriam ao pleito. O período de julho a agosto, quando os partidos tiveram suas candidaturas confirmadas, compôs uma das amostras estudada por Souza. Dos 28 telejornais selecionados, o candidato Lula (PT) apareceu em 28 matérias e obteve 40% de valência negativa, 46,67% de valência positiva e 13,33% de valência neutra. Já o candidato Alckmin (PSDB) obteve o mesmo número de aparições que Lula (PT), sendo 63,33% com valência positiva, 20% negativa e 16,67% neutra (SOUZA, 2007, p. 162). Para Souza, o fato de o candidato Lula (PT) obter o dobro de valência negativa em relação ao adversário Alckmin (PSDB), desperta a atenção para a reflexão sobre a cobertura enviesada do *Jornal Nacional* durante o período de campanha eleitoral.

Já a provável hipótese de que a Rede Globo mostrou-se desfavorável à reeleição de Lula (PT), utilizando seus telejornais como arma para desconstruir a imagem do candidato, é tratada abertamente por Lima (2006, p. 18) quando aponta que o *Jornal Nacional* realizou uma extensa cobertura sobre a compra do dossiê, às vésperas do primeiro turno, na qual fotos do dinheiro apreendido com pessoas supostamente ligadas ao PT foram expostas sem qualquer questionamento pelo telejornal.

Entretanto, as instigantes pesquisas de Lima e Souza sobre o papel *Jornal Nacional* nas eleições presidenciais de 2006 não abarcaram os propósitos da *Caravana JN*, projeto inovador da Rede Globo, criado para incorporar-se à cobertura eleitoral do *JN* na disputa eleitoral.

3. Pé na estrada: a *Caravana JN* em campanha pelas cinco regiões do Brasil

A disputa eleitoral de 2006 caracterizou-se por uma enorme divergência entre as regiões do Brasil para a escolha do candidato à presidência. Apesar de as pesquisas de intenção de voto apontarem a vitória do candidato Luiz Inácio Lula da Silva (PT) no primeiro turno, seu maior adversário nas urnas, Geraldo Alckmin (PSDB), crescia nas últimas semanas da disputa.

Para o candidato Alckmin, os últimos dois meses foram de intensa batalha pelo voto do eleitorado, já que permanecia a esperança de levar a eleição para o segundo turno. O eleitorado bra-

1 | A Caravana JN e o Brasil sobre as cinco rodas

sileiro dividia-se nas regiões Sudeste, Norte e Nordeste do país, o candidato Lula liderava nas pesquisas de intenção de voto, ao lado de um Sul e Centro-Oeste adversos ao discurso da continuidade e reeleição do então presidente. Na contramão, surgia o projeto *Caravana JN*. Com um propósito emblemático, já que o objetivo principal era transitar pelas cinco regiões do país e mostrar como viviam os brasileiros e o que desejavam do próximo governo, a Rede Globo partiu para o que conceituou de cobertura eleitoral.

Permeadas por parcialidade, as reportagens construídas nas cinco regiões do Brasil apresentavam uma sequência narrativa marcada por certa intencionalidade na construção jornalística. O Capítulo 1 reforça a hipótese de que a *Caravana JN* valorizou determinadas regiões por meio da valência positiva, como aconteceu em cidades do Sul do país, ao lado de um cenário repleto de miséria e dos mais diversos problemas de ordem social, como ocorreu nas reportagens sobre o Nordeste e o Norte do Brasil.

Baseado nesse prévio diagnóstico e tendo por base as pesquisas e os resultados do primeiro turno eleitoral, este capítulo tem o objetivo de analisar se existia uma relação entre o enquadramento dado a cada município e o resultado eleitoral favorável ao candidato à reeleição Luiz Inácio Lula da Silva, (PT). Para corroborar a discussão, retomaremos as categorias de valência, com o intuito de traçar as possíveis relações entre os resultados eleitorais na disputa presidencial de 2006 e o enfoque positivo, negativo ou neutro dado a cada município que recebeu a visita da *Caravana JN*.

Ao tratar o conceito de valência, reproduzimos o mesmo critério de classificação adotado no capítulo anterior, onde a valência positiva apareceu em dados favoráveis do município; a valência negativa em reportagens que valorizavam os problemas sociais da região e associava-os ao Governo Federal ou estadual; e a valência neutra em reportagens que apenas veiculavam a região, sem apontar aspectos positivos e negativos do município.

3.1 A região Sul do Brasil em campanha pela *Caravana JN*

O projeto do *Jornal Nacional* iniciou-se na região Sul, no município de São Miguel das Missões. O Sul era o maior divisor de águas da campanha, já que o candidato Lula (PT) apresentava baixo índice de votos nas pesquisas, ao lado de grande vantagem do adversário Alckmin (PSDB). O resultado eleitoral do primeiro turno confirmou as estatísticas: Lula contabilizou 34,88% do eleitorado e seu adversário Alckmin, 54,93% dos votos úteis na região.

O percurso da *Caravana JN* pelos oito municípios da região Sul do país foi marcado por um questionamento reduzido sobre política e governo. A valência atribuída à região privilegiou aspectos positivos, sobretudo em estados governados pelo PSDB ou em municípios onde o candidato Geraldo Alckmin (PSDB) obtinha maioria eleitoral, conforme aponta o quadro a seguir, que reflete o cenário de pesquisa da região Sul do Brasil.

Cenário de pesquisa – região Sul do Brasil

SUL	Lula	Alckmin	Valência	Governo do estado
RIO GRANDE DO SUL	37,90%	55,76%		
São Miguel das Missões	41,06%	50,08%	Positiva	Embate entre PT e PSDB
Tapejara	17,78%	68,21%	Negativa	
Nova Pádua	12,59%	80,05%	Positiva	
SANTA CATARINA	33,22%	53%		
Frei Rogério	33,91%	60,58%	Positiva	Embate entre PMDB e PP
Nova Trento	29,82%	63,08%	Positiva	
PARANÁ	37,90%	56,61%		
Paranaguá	40,93%	45,81%	Negativa	Embate entre o PMDB e o PDT
Ponta Grossa	25,38%	64,01%	Negativa	
Londrina	17,78%	63,38%	Neutra	

1 | A Caravana JN e o Brasil sobre as cinco rodas

No Rio Grande do Sul, o candidato Geraldo Alckmin (PSDB) obteve no primeiro turno uma vitória significativa em relação a seu adversário, contabilizando 55,76% dos votos úteis, contra 37,90% de Lula (PT). O embate entre o PT e o PSDB também foi bastante acirrado na disputa pelo governo do estado na região. A candidata Yeda Crusius (PSDB) contabilizou 32,90% dos votos úteis, contra 27,39% do candidato Olívio Dutra (PT). Apesar dos incidentes envolvendo a campanha da candidata tucana, em razão do abandono de parte de sua equipe de marketing às vésperas do primeiro turno eleitoral,[29] Yeda Crusius (PSDB) pegou carona no crescimento do candidato Alckmin e uniu as candidaturas. A campanha eleitoral de Yeda baseou-se no *slogan* "Um novo jeito de governar", ressaltando a necessidade de o Estado ajustar suas finanças públicas. Dado o cenário de instabilidade econômica no Rio Grande do Sul, a candidata Yeda Crisius (PSDB) orientou sua campanha apresentando-se como a única capaz de derrotar tanto o candidato Olívio Dutra (PT), como o candidato à reeleição, Germano Rigotto (PMDB), no segundo turno. Além disso, explorou fortemente sua ligação com o candidato à presidência Geraldo Alckmin (PSDB), que foi o mais votado na região.

A reportagem da *Caravana JN* em São Miguel das Missões foi construída para apresentar um ponto de vista positivo, já que ressaltou o rico patrimônio histórico do local e a beleza da população. Já o município de Nova Pádua apareceu como o melhor local do Brasil para uma criança viver, uma vez que a reportagem privilegiou a qualidade da educação e da saúde como fio condutor da narrativa. A única exceção, o município de Tapejara, que recebeu um destaque negativo pela *Caravana JN*, serviu de palco para reforçar as críticas ao Governo Federal, que assinou o tratado que prevê a erradicação das plantações de tabaco num prazo de 20 anos.

---

29 O profissional de marketing Chico Santa Rita abandonou a campanha eleitoral da candidata Yeda Crisius (PSDB), antes do término do pleito. O publicitário alegou ao *Jornal Zero* que o motivo para a quebra de compromisso foi a inadimplência da candidata.

Ao contrário do previsto, a reportagem deu voz aos que sofreriam os maiores impactos em decorrência da resolução, a indústria do fumo, mas sim às famílias de agricultores que dependem da cultura de tabaco para sobreviver. Veiculada apenas a partir de um ângulo, questionou a atuação do Governo Federal naquilo que foi uma ratificação crucial para o país se manter nas negociações internacionais.

Do Rio Grande do Sul, a *Caravana JN* seguiu para Santa Catarina. No que se refere à campanha eleitoral, o estado catarinense apontou seu favoritismo ao candidato tucano Geraldo Alckmin (PSDB), que conquistou uma vantagem significativa, contabilizando 53% dos votos, contra 33,22% do candidato petista Luiz Inácio Lula da Silva (PT). Na disputa pelo governo do estado, o embate ficou entre o candidato à reeleição Luís Henrique da Silveira, do PMDB, que obteve no primeiro turno eleitoral 48,90% dos votos, contra o adversário Esperidião Amim, do PP, que somou 32,77%.

O mote da campanha do candidato Luís Henrique da Silveira (PMDB) baseou-se na continuidade do projeto de descentralização política, implantado no seu primeiro mandato, que contou com a criação de 36 secretarias de Estado do Desenvolvimento Regional (SDRs), que possibilitaram a realização de ações e projetos pelos municípios. As SDRs foram criadas com o intuito de discutir problemas locais, planejar e tomar decisões, exercendo a cidadania e contribuindo para a melhoria da vida de todos os catarinenses. Todas as SDRs possuem Conselhos de Desenvolvimento Regional (CDR), que são responsáveis pelo planejamento regional e definição das prioridades. Esses Conselhos têm o objetivo de atuar no apoio do desenvolvimento sustentável, articulando forças e lideranças locais e regionais.

Com os altos investimentos, o processo de descentralização administrativa permitiu que Santa Catarina atingisse o maior Índice de Desenvolvimento Humano do Brasil – IDH, superando o Distrito Federal. O resultado favorável do projeto fez com

I | A Caravana JN e o Brasil sobre as cinco rodas

que o candidato à reeleição, Luiz Henrique da Silveira (PMDB) conquistasse a preferência do eleitorado catarinense. Na disputa presidencial, o cenário eleitoral se definiu pela aliança entre o candidato Luís Henrique Silveira (PMDB) e Geraldo Alckmin (PSDB), o que contrariou as tendências de apoio do PMDB ao PT. Já o candidato à reeleição presidencial Luiz Inácio Lula da Silva (PT) estreitou sua candidatura com o segundo colocado nas urnas, o candidato Esperidião Amim, do PP.

Ao passar por municípios catarinenses, a *Caravana JN* privilegiou a cultura e religiosidade local, entrevistando, em Frei Rogério, uma família de imigrantes japoneses que pertence à colônia de Celso Ramos. A beleza da paisagem local e a riqueza da família Ogawa, que planta e comercializa pêssegos, maçãs e ameixas, encontrava complemento no discurso do apresentador Pedro Bial que enfatizava a paz que os imigrantes encontraram no município. De forma semelhante, abordando a tranquilidade da região, a reportagem da *Caravana JN* no município de Nova Trento resgatou a trajetória de Madre Paulina, a mudança que a região conquistou, desde que a santa perpetuou o milagre da transformação no lugar, antes considerado inóspito. Belas paisagens da região foram veiculadas para conceder veracidade à fala do apresentador Pedro Bial.

Com a reportagem de Nova Trento, a *Caravana JN* encerrou sua passagem pelo estado de Santa Catarina. Interessante notar que questionamentos sobre o que os municípios desejavam do próximo presidente não apareceram nas reportagens do estado catarinense. Tampouco houve qualquer menção de ordem política que envolvesse os governos estadual ou federal. Tal percepção também foi registrada pelo telespectador comum, que se manifestou no *blog* da *Caravana JN*, conforme segue:

> Observei que a caravana do JN peca, algumas vezes, quanto à objetividade, senão vejamos: em Frei Rogério e Nova Trento, não houve nem a pergunta "O que

desejavam estas cidades?". A reportagem se limitou a descrever pessoas ou fatos existentes nestas cidades (Imigração– Santa).[30]

A sair do estado de Santa Catarina, a equipe de Pedro Bial partiu para o seu último destino da região Sul do Brasil: o estado do Paraná. No estado do Paraná, ao contrário dos demais, houve um recrudescimento das discussões políticas. As cidades visitadas pela equipe de Bial foram os municípios de Paranaguá, Ponta Grossa e Londrina.

Na eleição presidencial de 2006, o candidato Alckmin (PSDB) obteve a maioria dos votos úteis na região, somando 56,61%, contra 37,90% de Lula (PT). Na disputa pelo governo do estado, o então governador Roberto Requião (PMDB) tentava o segundo mandato, contra o adversário do PDT, Osmar Dias. O embate entre os candidatos foi levado para o segundo turno, já que Requião contabilizou 42,81% dos votos, contra 38,60% de Osmar Dias.

A disputa eleitoral no estado do Paraná foi marcada pelo tímido apoio do candidato à reeleição Roberto Requião (PMDB) ao candidato-presidente Luiz Inácio Lula da Silva (PT). Durante o primeiro turno, o ex-governador do estado tentou um acordo com o partido tucano, sem sucesso. Já no segundo turno, o candidato à reeleição do estado, Requião (PMDB), compôs uma aliança com o Partido dos Trabalhadores e passou a apoiar a candidatura de Luiz Inácio Lula da Silva (PT). O PSDB do Paraná apoiou o candidato de oposição, Osmar Dias, do PDT.

A primeira reportagem da *Caravana JN* aconteceu no Porto de Paranaguá e teve como mote as denúncias envolvendo a suposta ineficácia do serviço público por conta dos engarrafamentos nas zonas portuárias. A iniciativa privada surgia com a solução para o problema do gargalo nos portos, que, na narração do apresentador Pedro Bial, ainda funcionava. Os

---

30 BLOG *Caravana JN*. Disponível em: <http://www.caravanaJN.globolog.com.br>. Acesso em: 10 jun. 2008.

1 | A Caravana JN e o Brasil sobre as cinco rodas

caminhoneiros entrevistados expunham sua indignação pelas esperas diárias a que eram submetidos governo após governo. A crítica clara da *Caravana JN* ao serviço público no estado do Paraná trouxe repercussões diretas para a emissora, que foi obrigada a rever e corrigir seu posicionamento em nota de errata, já que as imagens das filas de caminhões pertenciam à iniciativa privada, mais precisamente ao porto da empresa Cargill. No *blog* dedicado à *Caravana JN*, o telespectador local também registrou sua indignação com a emissora, que privilegiou apenas aspectos negativos da região, conforme aponta texto abaixo:

> Não acredito que estiveram em Paranaguá e somente foi registrado um pequeno depoimento de um caminhoneiro na estrada! Por que não mostraram esta linda cidade histórica, com suas belezas litorâneas? E também nosso magnífico porto? Nós ficamos profundamente decepcionados em não poder levar nossa imagem de "terra" para todo o Brasil. O que não ocorreu com a região Sudeste, em reportagem magnífica e completa.[31]

A reportagem construída no Porto de Paranaguá repercutiu negativamente para o governo do estado e federal. Como forma de analisar o propósito da matéria, vale lembrar o histórico de discórdia entre Roberto Requião (PSMDB) e a mídia no Brasil, em especial, a Rede Globo, à qual o atual governador do estado lança severas críticas. Em entrevista ao programa *Conversa Afiada*, do jornalista Paulo Henrique Amorim, o governador Roberto Requião atacou a Rede Globo, acusando-a de tentar impedir sua reeleição, assim como a do então presidente Luiz Inácio Lula da Silva (PT).[32]

Já para o *Record News*, o governador do Paraná, Requião (PMDB), explicou os motivos da perseguição da emissora, ao

---

31 BLOG *Caravana JN*. Informação disponível em: <http://www.caravanaJN.globolog.com.br>. Acesso em: 10 jun. 2008.
32 REQUIÃO inesquecível: ataca Globo, Folha, CBN, Miriam, Bial. Disponível em: <http://www2.paulohenriqueamorim.com.br/?p=9182>. Acesso em: 5 mar. 2009.

relatar a falta de apoio financeiro do governo, conforme aponta em entrevista: "Eles estão revoltados porque o governo anterior dava 1,5 bilhão em verba publicitária e eu reduzi a zero esse valor. O estado do Paraná é próspero, mas não tenho dinheiro para jogar fora. Tenho escolas e hospitais para construir". Requião ainda acusou a Globo de fraude nas eleições de 2006: "A Rede Globo frauda reportagens para desmoralizar o governo do Paraná, para desconstruir a imagem do governador". Complementou o discurso comentando a passagem da *Caravana JN* pelo Porto de Paranaguá:

> Não foi por um acaso que durante a campanha eu encontrei um outro repórter global, o Bial, falando dos gargalos, do estrangulamento da economia brasileira. Ele foi ao Porto de Paranaguá e me apresenta um congestionamento em cima do terminal e diz que o Porto tem que ser privatizado, porque estava havendo congestionamento. O porto não tem congestionamento. O congestionamento era sabotagem da estrutura privada e o Bial filmou o terminal privado da Cargill. Como vocês vêem há muito pouca compostura nesse processo e uma guerra ideológica contra o estado do Paraná que foi vencida nessa eleição.[33]

Diante de tais acusações, acredita-se que o antigo desentendimento entre a Rede Globo e o governador Roberto Requião, supostamente explica a má-fé da emissora, que pautou problemas ligados à gestão pública no estado do Paraná.

Em contrapartida, obtiveram valência positiva os demais municípios da região Sul do Brasil, destacando-se aqueles em que o candidato Geraldo Alckmin (PSDB) mostrou superioridade nas urnas em relação ao seu adversário, o candidato à reeleição Luiz Inácio Lula da Silva (PT). Em termos estatísticos, 57% das reportagens veiculadas pela *Caravana JN* na região Sul do país tiveram

---

33 RECORD News. Roberto Requião: entrevista. Brasília, 28 jan. 2008. Entrevista concedida ao programa *Brasília ao vivo*.

I | A Caravana JN e o Brasil sobre as cinco rodas

valência positiva, 29% valência negativa e 14% valência neutra, ao lado da vitória eleitoral de Alckmin (PSDB) em todos os estados.

3.2 A região Sudeste do Brasil em campanha pela Caravana JN

Ao ingressar na região Sudeste do país, a *Caravana JN* priorizou aspectos negativos nas reportagens. A disputa eleitoral foi marcada pelo embate acirrado, voto a voto, entre Lula, que manteve nos resultados eleitorais do primeiro turno uma pequena vantagem, contabilizando 45,22%, contra Alckmin, que obteve 43,28%.

O percurso pelos nove municípios da região foi direcionado para problemas de ordem cultural, ambiental e histórica. O quadro a seguir reflete o cenário de pesquisa da região.

Cenário de pesquisa da região Sudeste do Brasil

SUDESTE	Lula	Alckmin	Valência	Governo do estado
SÃO PAULO	36,76%	54,20%		Embate entre PT e PSDB
Pederneiras	40,17%	53,27%	Negativa	
Brodowski	27,18%	66,16%	Positiva	
MINAS GERAIS	50,80%	40,62%		Embate entre PT e PSDB
São Roque de Minas	24,04%	71,94%	Negativa	
Itaúna	44,37%	44,60%	Neutra	
Ouro Preto	58,06%	31,70%	Positiva	
RIO DE JANEIRO	49,18%	28,88%		Embate entre PMDB e PPS
Três Rios	57,60%	26,04%	Negativa	
Macaé	58,60%	25,40%	Negativa	
ESPIRITO SANTO	52,97%	37,15%		Embate entre PMDB e PDT
Cachoeiro de Itapemirim	48,59%	42,53%	Neutra	
São Mateus	67,16%	25,95%	Negativa	

Vale ressaltar que foi apenas no estado de São Paulo, maior colégio eleitoral do Brasil, com 28.037.734 eleitores, respondendo por 22,27% do total de votantes, que o candidato tucano Geraldo Alckmin (PSDB) conquistou vantagem significativa sobre seu adversário, contabilizando 54,20% dos votos úteis, contra 36,76% de Lula (PT). O embate acirrado entre os partidos também se estendeu para o governo do estado. O candidato José Serra (PSDB) disputou a preferência do eleitorado paulista com Aloísio Mercadante (PT).

A eleição para o governo do estado de São Paulo foi definida no primeiro turno, com a vitória de José Serra (PSDB), que somou 57,93% dos votos, contra 31,68% de Aloísio Mercadante (PT). É importante pontuar que o cenário eleitoral na região se apresentava da seguinte forma: com dezesseis anos de gestão (PSDB), o candidato à presidência do país, Geraldo Alckmin (PSDB), terminava seu mandato de governador do estado (2002-2006), e o candidato José Serra abandonava o comando da prefeitura de São Paulo, para concorrer à eleição governamental.

Apesar do imbróglio político pessedebista na região, havia uma predileção pelos candidatos tucanos no estado paulista. A campanha governamental se definia a partir do discurso da continuidade da gestão tucana e por meio de uma aparente aliança do candidato José Serra com o ex-governador Geraldo Alckmin. A condução da campanha de José Serra (PSDB) e de Geraldo Alckmin (PSDB) teve como mote as benfeitorias realizadas durante a gestão tucana no poder, já que ambos exerceram cargos políticos na região. Os problemas de ordem básica que assolam o estado paulista, como a precariedade do sistema de saúde, a ineficácia do modelo educacional, a falta de moradia, o alto índice de desemprego, as altas taxas de criminalidade e violência foram apenas agendadas pelas campanhas adversárias como elemento estratégico de conquista de voto.

Na mesma linha branda da campanha eleitoral tucana, ao passar por São Paulo, estado mais populoso da região Sudeste do

1 | A Caravana JN e o Brasil sobre as cinco rodas

Brasil, onde residem 39.827.570 habitantes, a *Caravana JN* teve a cultura como foco de suas reportagens. Os problemas sociais de ordem básica sequer apareceram na pauta das entrevistas conduzidas pelo apresentador Pedro Bial.

A *Caravana JN* não realizou, na passagem por São Paulo, qualquer associação ou mencionou problemas ligados ao governo do estado. Por outro lado, em Pederneiras, cidade localizada no interior de São Paulo, com uma população aproximada de 40.270 habitantes, o desejo de restaurar a antiga estação de trem de passageiros ficou relegado ao governo da União, que, conforme apontou Pedro Bial, ainda não havia disponibilizado verbas para a recuperação do patrimônio. No município de Brodowski, a *Caravana JN* tratou das obras de Candido Portinari e da importância da preservação do museu que guarda seu nome.

Apesar da abordagem negativa, a passagem no município de Pederneiras, que apontou apenas a falta de investimento em cultura no estado de São Paulo, supostamente, não desprestigiou o candidato Geraldo Alckmin, já que a reportagem não mencionou problemas de infraestrutura básica que comprometessem sua gestão. Um telespectador alertou, no *blog* da *Caravana JN*, sobre a isenção de uma reportagem que refletisse os problemas de São Paulo, conforme segue:

> Ontem, a *Caravana do Jornal Nacional* (TV Globo) vai até um lugar afastado de tudo. Lá, as crianças não têm atendimento médico... aulas só duas vezes por semana... ou três, no máximo... Para mostrar isso não precisava ter ido tão longe. É só chegar até a escola pública em São Paulo-SP, de periferia... Qualquer uma... Aqui em S. Paulo, não tem aula nem duas vezes por semana. As crianças entram na sala duas ou três vezes por semana... Mas, aula mesmo, nem pensar. A TV Globo podia muito bem aproveitar o seu poder para fazer algo a favor da escola pública... ou ser mais original, pelo menos, mostrando que esses problemas podem ser resol-

vidos, com vontade política, coragem e honestidade.[34]

Do estado de São Paulo, a *Caravana JN* seguiu para Minas Gerais. Nesse estado, segundo maior colégio eleitoral do país, com 13.679.738 eleitores, respondendo por 10,86% do total de votos, o candidato à reeleição Luiz Inácio Lula da Silva (PT) obteve vantagem sobre seu adversário, somando 50,80% dos votos úteis, contra 40,62% de Geraldo Alckmin (PSDB). Na eleição para o governo do estado, o candidato do PSDB à reeleição, Aécio Neves, confirmou seu favoritismo logo no primeiro turno, conquistando 77,03% dos votos úteis, contra o adversário petista Nilmário Mirando (PT), que contabilizou 22,03%.

O apoio do candidato Aécio Neves (PSDB) à corrida presidencial do partido não surtiu, na região mineira, o efeito desejado na candidatura de Geraldo Alckmin (PSDB). Para transferir a popularidade do então governador Aécio Neves ao candidato à presidência Geraldo Alckmin, no estado de Minas Gerais, as estratégias de campanha do partido veicularam pesadamente a união dos candidatos, com imagens no HGPE (Horário Gratuito de Propaganda Eleitoral), comícios pelo estado e declarações de parceria de candidatura nos órgãos de imprensa.

Como a vitória de Aécio Neves (PSDB) já era apontada pelos institutos de pesquisa, o discurso de continuidade do candidato tucano para o governo do estado foi orientado para expor as benfeitorias de sua gestão. Em sintonia com o discurso tucano pela região, a *Caravana JN* abordou problemas ligados à preservação do meio ambiente e à preservação cultural. Na cidade de São Roque de Minas, a preocupação com a preservação da Serra da Canastra foi o foco da reportagem. Já na cidade histórica de Ouro Preto, o tema abordado foi a preservação cultural.

Em Itaúna, a *Caravana JN* realizou uma retrospectiva de suas andanças pela região Sul e Sudeste do país, apontando para uma

---

34 BLOG *Caravana JN*. Disponível em: <http://www.caravanaJN.globolog.com.br>. Acesso em: 10 jun. 2008.

1 | A Caravana JN e o Brasil sobre as cinco rodas

nova face do eleitor brasileiro, que, na voz de Pedro Bial, "*ganhou certa maturidade na hora de escolher seu candidato*". Vale ressaltar que parte dos estados que receberam a visita da *Caravana JN* mantinha alta preferência ao candidato tucano Geraldo Alckmin (PSDB). Os problemas de ordem básica, que assolam a capital mineira, não foram agendados pela *Caravana JN*. Tampouco, nenhuma associação que refletisse problemas da gestão do então governador Aécio Neves (PSDB) foi traçada pelas reportagens de Pedro Bial.

Pode-se notar que, no estado de Minas Gerais, o critério de noticiabilidade da *Caravana JN* atrelou poucas críticas ao governo do estado, não apontando problemas ligados à gestão tucana, semelhante à postura adotada em São Paulo.

Da região de Minas Gerais, a *Caravana JN* seguiu para o estado do Rio de Janeiro, terceiro maior colégio eleitoral do país, com 10.891.293 eleitores, o que representa, em percentual, 8,65% do total de votos. O Rio de Janeiro foi o único estado da região Sudeste onde o candidato Luiz Inácio Lula da Silva (PT), obteve uma vantagem significativa nas urnas, com 49,18% dos votos, contra 28,88% do candidato Geraldo Alckmin (PSDB).

Na disputa para o governo do estado, o embate situou-se entre Sérgio Cabral (PMDB), que obteve no primeiro turno 41,42% dos votos úteis, contra 27,78% dos votos de sua adversária nas urnas, Denise Frossard (PPS). A vitória de Sérgio Cabral permitiu a continuidade do PMDB no estado, após oito anos de mandato do casal Garotinho, representado pelo ex-governador Anthony Garotinho (1998-2002) e por Rosinha Garotinho Matheus (2002-2006). No cenário presidencial, o candidato Lula (PT), firmou uma aliança com Sérgio Cabral (PMDB), ao passo que Geraldo Alckmin (PSDB) recebeu apoio de Anthony Garotinho, também do PMDB.

Ao passar pela região, a *Caravana JN* visitou o município de Três Rios, cidade que sofre com os altos índices de desemprego. O entrevistado, Joselmo Corrêa da Costa, maior empresário e empregador de Três Rios aponta que o problema da falta de emprego está nos altos encargos trabalhistas. A associação do

Governo Federal com o desemprego e as altas taxas de impostos é traçada pelo próprio entrevistado, que apelou pela revisão dos encargos.

A reportagem da *Caravana JN* em Três Rios gerou postagens de moradores locais no *blog* da emissora, alertando para o direcionamento inadequado da matéria: "Fiquei indignada com a passagem da caravana por Três Rios, nossa cidade tem algo mais que carroças no meio da rua e nem seríamos fantasmas sem a presença do grupo MIL que realmente é importante, mas não é tudo".[35] Já no município de Macaé, a desigualdade social, cuja origem se relaciona à chegada da Petrobras à região, foi o mote da reportagem da *Caravana JN*. A bordo do táxi do entrevistado Lucrécio Trindade, a reportagem de Pedro Bial mostrava a imagem da cidade rica e da grande favela, seguida do apelo do taxista que traçava uma associação direta com o Governo Federal, ao solicitar que se olhasse mais para a era pós-petróleo.

O cenário acima sugere que em regiões onde o candidato Lula (PT) obtinha significativa superioridade eleitoral em relação ao seu maior oponente Alckmin (PSDB), as reportagens da *Caravana JN* veiculavam problemas de ordem básica, como desemprego, educação, fome, moradia, falta de infraestrutura, etc., associando-os diretamente ao Governo Federal.

Do Rio de Janeiro, a *Caravana JN* seguiu para o estado de Espírito Santo. Com 2.376.103 eleitores, o candidato à reeleição Luiz Inácio Lula da Silva (PT) obteve na região capixaba vantagem sobre seu adversário, somando 52,97% dos votos úteis, contra 37,15% de Geraldo Alckmin (PSDB). Na eleição para o governo do estado, o candidato à reeleição, Paulo Hartung (PMDB) venceu no primeiro turno, com 77,27% dos votos, seu maior adversário nas urnas, o candidato do Sérgio Vidigal (PDT) que obteve 21,76% dos votos úteis. Na corrida presidencial, Paulo Hartung (PMDB) não manifestou diretamente seu apoio aos candidatos

---

35 BLOG *Caravana JN*. Disponível em: <http://www.caravanaJN.globolog.com.br>. Acesso em: 10 jun. 2008.

I | A Caravana JN e o Brasil sobre as cinco rodas

que concorriam ao pleito, já o adversário Sérgio Vidigal, do PDT, declarou, após o primeiro turno, uma aliança com o candidato à reeleição Lula (PT).

A passagem da *Caravana JN* pela região foi marcada pela visita aos municípios de Cachoeiro do Itapemirim e São Mateus. Na primeira cidade, a reportagem abordou os problemas do desmatamento, na voz do ambientalista Gustavo Coelho, herdeiro da maior fábrica de instrumentos de sopros e cantos da região. A reportagem não fez qualquer menção aos problemas de ordem básica da cidade.

Já no município de São Mateus, a reportagem da *Caravana JN* trouxe como tema principal a educação e o desejo de cursar ensino superior. Pedro Bial apontou que o morador de baixa renda, descendente dos quilombolas da região, o entrevistado Wesley, sonha com o curso de pedagogia, porém possui poucos recursos para pagar um cursinho. A matéria explora a pobreza de Wesley, que trabalha na lavoura de pimenta-do-reino, e de sua mãe, Teresa dos Santos, que vende beiju nas feiras locais, para sustentar a família de quatorze filhos.

O município de São Mateus está no extremo norte do Espírito Santo, já bem próximo da Bahia. É uma das cidades mais carentes do estado capixaba e apresentou nas eleições presidenciais de 2006 um alto grau de favoritismo ao candidato Luiz Inácio Lula da Silva (PT), que conquistou no primeiro turno da disputa vantagem significativa sobre seu opositor, com 67,16% dos votos úteis, contra 25,95% do candidato adversário, Geraldo Alckmin (PSDB).

Em um balanço estatístico, que registra a valência dos municípios versus o resultado eleitoral por candidato, nota-se que o candidato à reeleição Luiz Inácio Lula da Silva (PT) obteve desvantagem na região Sudeste do país, já que o maior número de valência negativa (34%) ocorreu em estados onde o então presidente possuía maioria eleitoral, ao lado de 22% de valência negativa onde Alckmin (PSDB) apresentava superioridade nas urnas.

Apesar da pequena vantagem, vale lembrar que Lula (PT) aparecia à frente nas pesquisas de intenção de voto na região.

3.3 A região Nordeste do Brasil em campanha pela Caravana JN

Já o Nordeste do Brasil fornece um retrato preciso do enquadramento da *Caravana JN* à região, uma vez que as reportagens enfatizaram imagens que revelavam problemas de ordem básica e refletiram a escassez de recursos e a precariedade local. A constatação de um suposto agendamento negativo para a região Nordeste foi sentido pelos próprios moradores e telespectadores da *Caravana JN*, que apontaram inúmeras críticas ao projeto, conforme mostra depoimento veiculado no *blog* da emissora: "Grande caravana, gostaria de saber por que só é mostrado o lado pobre e miserável do Nordeste, principalmente do Piauí, em vez de mostrar a parte bela como o litoral piauiense".

Vale ressaltar que as pesquisas de intenção de voto apontavam que o candidato à reeleição Luiz Inácio Lula da Silva (PT) ganhava em todos os estados da região Nordeste. Com um total de 27.836.190 eleitores, tal resultado foi confirmado logo no primeiro turno das eleições, já que Lula (PT) contabilizou 66,78% dos votos úteis, contra 26,15% de seu maior adversário, o candidato Alckmin (PSDB), conforme aponta o quadro a seguir, de cenário de pesquisa da região.

No estado da Bahia, Lula (PT) contabilizou 66,65% dos votos úteis, contra 26,03% de Alckmin (PSDB). Na eleição para o governo do estado, a popularidade de Luiz Inácio Lula da Silva (PT) supostamente favoreceu a campanha do candidato Jaques Wagner (PT), eleito com 52,89% dos votos, contra 43,03% do seu adversário, o candidato Paulo Souto (PFL). A vitória de Jaques Wagner (PT) nas urnas demarcou o fim da hegemonia de dezesseis anos do PFL na Bahia, sobretudo do fim do *Carlismo*, ou seja, da forte influência do ex-governador Antônio Carlos Ma-

I | A Caravana JN e o Brasil sobre as cinco rodas

galhães (PFL) no Governo do Estado.

Cenário de pesquisa da região Nordeste do Brasil

NORDESTE	Lula	Alckmin	Valência	Governo do estado
BAHIA	66,25%	26,03%		
Itamaraju	58,54%	36,07%	Negativa	Embate PT e PFL
São Félix	73,78%	21,27%	Negativa	
SERGIPE	47,33%	44,35%		Embate PT e PSDB
São Cristóvão	42,15%	47,02%	Negativa	
ALAGOAS	46,63%	37,79%		
Penedo	35,50%	50,52%	Positiva	Embate PSDB e PDT
Arapiraca	40,10%	46,79%	Negativa	
PERNAMBUCO	70,86%	22,86%		
Nova Petrolina	83,06%	13,77%	Neutra	
Cabrobó	82,31%	14,91%	Negativa	Embate PSB e PFL
Petrolina	73,78%	20,73%	Positiva	
Exu	76,22%	19,77%	Negativa	
CEARÁ	71,22%	22,79%		
Juazeiro do Norte	63,95%	29,35%	Negativa	Embate PSDB e PSB
Aracati	67,09%	28,04%	Negativa	
Contestado			Negativa	
PARAÍBA	65,31%	27,87%		Embate PSDB e PMDB
Souza	74,80%	19,97%	Negativa	
RIO GRANDE DO NORTE	60,17%	31,57%		Embate PMDB e PSB
Assu	70,52%	24,94%	Negativa	
PIAUÍ	67,28%	28,04%		Embate PMDB e PT
Pedro II	66,02%	30,02%	Negativa	
MARANHÃO	75,50%	18,71%		
Riachão	74,54%	22,35%	Negativa	Embate PFL e PDT
Santa Inês	75,75%	21,32%	Negativa	
Governador Nunes	76,79%	20,48%	Negativa	

O índice de popularidade de Lula (PT) na região, possivelmente, devia-se ao Programa Bolsa Família e à hipótese de melhorias sociais. A *Caravana JN*, ao adentrar o estado baiano, apresentou um cenário de miséria e tristeza. No município de São Félix a reportagem tratou de pontuar os problemas de desemprego que assolam os jovens moradores locais, que, na voz da entrevistada aposentada Maria do Carmo de Oliveira, são sustentados pelos velhos aposentados.

A reportagem em São Félix mencionou indiretamente o Programa Bolsa Família, marca da gestão Lula (PT), já que, na voz de Maria do Carmo, tal iniciativa não resolve o problema do desemprego e funciona apenas como esmola. Interessante notar a vantagem que o candidato Lula (PT) obteve no município, com 73,78% dos votos úteis, contra 21,27% do oponente Geraldo Alckmin (PSDB).

No município de Itamajuru, cujo índice de pobreza é alto, com indicador em 0,355, a reportagem da *Caravana JN* apontou os problemas com a estrada que liga o Espírito Santo à Bahia, que, na fala de Pedro Bial, não merece levar as iniciais BR. Repleta de imagens sobre as condições precárias da estrada, a reportagem documentou, no discurso em *off* de Pedro Bial: "Sem acostamento, sem faixas no asfalto, sem asfalto. Veículos em manobras perigosas para ultrapassar crateras". Imagens calamitosas da rodovia seguiam no vídeo.

Os entrevistados reafirmam a precariedade da estrada e esperam do próximo presidente maior responsabilidade com a infraestrutura básica do país. No município de Itamaruju, o candidato à reeleição, Luiz Inácio Lula da Silva (PT), contabilizou 58,54% dos votos úteis, contra 36,07% de seu adversário Geraldo Alckmin (PSDB). A próxima reportagem da *Caravana JN*, no Nordeste do país, aconteceu no estado de Sergipe, onde Lula (PT) contabilizou 47,33% dos votos úteis, contra 44,35% de seu adversário nas urnas Alckmin (PSDB). A campanha presidencial de Lula (PT) uniu-se à proposta de reeleição ao governo do estado do então governador Marcelo Deda (PT). Definida no primeiro tur-

1 | A Caravana JN e o Brasil sobre as cinco rodas

no, o petista Marcelo Deda conquistou 52,46% dos votos úteis, contra 45,02% do seu oponente, o candidato João Alves, do PFL. A união das candidaturas foi marcada pelo discurso da continuidade dos projetos sociais, respaldada pela promessa de incentivo do Governo Federal na região, com propostas na área de emprego, saúde e educação. Na contramão, a passagem da *Caravana JN* por Sergipe trouxe uma visão precária e pobre do estado. No município de São Cristóvão, Pedro Bial e sua equipe veicularam cenas que apontavam a falta de infraestrutura básica local, com cenas de acúmulo de lixo e ausência de aterro sanitário. Os entrevistados, integrantes do time de futebol da região, confirmavam as imagens locais e apontavam a precariedade nas questões de ordem básica: saúde, educação, emprego, segurança e, sobretudo, honestidade do governante.

Vale ressaltar que um morador de São Cristóvão e telespectador da *Caravana JN* mostrou sua indignação no *blog* da emissora ao registrar que a cidade tem uma parte história que não pode ser desprezada e não foi comentada pela equipe de Pedro Bial.[36] Outro alerta sobre os riscos de mostrar apenas os aspectos negativos da região Nordeste também foi registrado no *blog* da *Caravana JN* por uma telespectadora comum:

> Se eu estiver enganada, por favor, me corrija. Quando a *Caravana* chegou à região Nordeste não houve uma abertura para caracterizá-la como as que houve para as outras regiões (Sul e Sudeste). Espero que isto não signifique uma espécie de discriminação com o Nordeste, muito menos quando a *Caravana* chegar à região Norte.[37]

---

36 Depoimento coletado no *blog* da *Caravana JN* sobre a passagem no município de São Cristóvão: "Gostaria de parabenizar a Rede Globo pelo brilhante trabalho, mas também criticar a reportagem feita sobre o estado de Sergipe... apesar de reconhecer que todos comentários feitos a respeito de São Cristóvão são pertinentes, a cidade tem uma parte histórica que não pode ser desprezada."
37 BLOG *Caravana JN*. Disponível em: <http://www.caravanaJN.globolog.com.br>. Acesso em: 10 jun. 2008.

Do município de São Cristóvão, a *Caravana JN* partiu para o estado de Alagoas, mais precisamente para a cidade de Penedo.

Alagoas foi um dos poucos estados do Nordeste do país onde Luiz Inácio Lula da Silva (PT) não obteve vantagens significativas nas urnas, com 46,63% dos votos úteis, contra 37,79% de Geraldo Alckmin (PSDB). A explicação para o evento está, possivelmente, na parceria das candidaturas tucanas pela região. O candidato Teotônio Vilela (PSDB), que tentava a reeleição para governador do estado uniu forças com Geraldo Alckmin (PSDB). As candidaturas abordaram a importância em termos de investimento local que a vitória de Alckmin (PSDB) traria para o estado.

O político Teotônio Vilela (PSDB) possui bastante popularidade em Alagoas, já que ocupou o cargo de governador do estado em 1994, 2002 e 2006, vencendo a disputa na última eleição com 55,85% dos votos úteis, contra 30,51% do seu adversário, o candidato João Lyra (PTB).

Como já foi mencionado, a primeira reportagem da *Caravana JN* no estado de Alagoas aconteceu na cidade histórica de Penedo. Com foco na preservação cultural, Pedro Bial e sua equipe alertaram para a importância do rico patrimônio histórico da região, com igrejas, conventos e palacetes dos séculos XVII e XVIII, que abrigaram, em 1859, a visita do imperador Pedro II e da comitiva que o acompanhava. O apelo dos entrevistados foi orientado à restauração da cultura local.

A passagem da *Caravana JN* na cidade de Penedo não apresentou imagens de miséria local. A reportagem também não apontou problemas de ordem básica, tampouco fez qualquer menção ou referência ao governo estadual tucano. Semelhante ao que aconteceu nos estados de São Paulo e Minas Gerais, cuja administração estadual pertencia ao PSDB, respectivamente a Geraldo Alckmin e Aécio Neves, o foco da reportagem em Penedo se orientou por questões relacionadas à preservação cultural.

Não obstante, ao hospedar-se na cidade de Arapiraca, em Alagoas, a *Caravana JN* registrou um assalto a uma joalheria, em

1 | A Caravana JN e o Brasil sobre as cinco rodas

tempo real, que ocorreu durante a madrugada, quando a equipe repousava em um hotel da região. A reportagem de Pedro Bial enfatizou o problema da criminalidade e explorou fortemente a precariedade da polícia, que não tem os instrumentos adequados ao exercício da profissão. O flagrante da reportagem não convenceu o telespectador e morador de Arapiraca, que postou inúmeras críticas sobre a atuação da emissora na cidade, conforme texto postado no *blog* da *Caravana JN*:

> Impressionante. Há 12 anos morando em Arapiraca nunca flagrei um assalto assim, tão ao vivo! E olha que sou jornalista!! Acho que mora aí o tal "faro" que coloca uns na Globo e outros... por aí! Foi aí que pensei: quem teve mais sorte, o Bial que deu de cara com um assalto prontinho, na praça de uma pequena cidade do interior ou o dono da joalheria, que escapou por um triz??... Ou terá sido por um plim-plim??? Foi mau... com tantas coisas legais para falar de Arapiraca... mas foi bom! Pior seria mostrar histórias em quadrinhos, enquanto os bandidos da vida real faziam arte na vida da gente. "Páginas da vida", meu caro!! Fazer o quê? Da próxima vez, se der, dá uma força com outras coisas! O pessoal daqui ficou meio "pra baixo"! Afinal, não é sempre que a gente vira global... *Hasta la vista*!!![38]

A passagem da *Caravana JN* pelo município de Penedo aponta para a divergência do destaque dado às reportagens na região Nordeste do país. Em Penedo, cidade cujo eleitorado compreende 34.998 mil moradores, a vantagem de Geraldo Alckmin (PSDB) foi significativa, já que somou 50,51% dos votos úteis, contra 35,50% do seu adversário, Lula (PT).

O estado de Pernambuco também constou na *Caravana JN*. Com 5.834.512 eleitores, o candidato à reeleição Luiz Inácio Lula

---
[38] BLOG *Caravana JN*. Disponível em: <http://www.caravanaJN.globolog.com.br>. Acesso em: 10 jun. 2008.

da Silva (PT) obteve vantagem significativa nas urnas, contabilizando 70,93% dos votos úteis, contra 22,86% do seu adversário Geraldo Alckmin (PSDB). Nas eleições para governador do estado, o embate ficou entre o candidato Mendonça Filho, do PFL, que somou, no primeiro turno, 39,32% dos votos úteis, contra seu adversário, o então governador Eduardo Campos, do PSB, que obteve 33,81% dos votos. Um dado marcante no cenário eleitoral para o governo do estado foi o discurso da continuidade, proferido pelo político Mendonça Filho (PFL), que governava Pernambuco, desde abril de 2006, após a renúncia do governador Jarbas Vasconcelos.[39]

A passagem da *Caravana JN* pela região começou pelo sertão pernambucano. Nova Petrolândia, cidade que foi inundada pelo lago de Itaparica, em 1988, para a construção de uma usina hidrelétrica na região, recebeu a visita de Pedro Bial e sua equipe. A reportagem em Nova Petrolândia retratou a nostalgia do entrevistado, professor Gilberto Menezes, em relação à tranquilidade que a cidade antiga oferecia aos moradores. Apesar do desenvolvimento da moderna cidade, que abriga um hospital-modelo para a região, Nova Petrolândia, na voz do professor, "tem estrutura de cidade pequena e criminalidade de cidade grande". No primeiro turno do resultado eleitoral, o município registrou seu favoritismo ao candidato Lula (PT), que somou 83,06% dos votos úteis, contra 13,77% do adversário nas urnas, Alckmin (PSDB). Apesar de pontuar a questão da criminalidade, a reportagem não mostrou imagens que comprometessem o Governo Federal, ou compusessem uma imagem negativa para o local.

Por outro lado, a criminalidade esteve na pauta da reportagem seguinte, que aconteceu na rodovia federal BR-428, localizada no sertão de Pernambuco, entre as cidades de Petrolina e Cabrobó. A rodovia tem aproximadamente 190 km de extensão e um trecho extremamente conhecido pelos altos índices de

---

39 Jarbas Vasconcelos desligou-se do governo do estado de Pernambuco para concorrer a uma vaga no Senado Federal.

1 | A Caravana JN e o Brasil sobre as cinco rodas

assaltos. A passagem da *Caravana JN* pelo local registrou a falta de infraestrutura da estrada, com trechos esburacados e subidas que exigem redução da velocidade e tornam os motoristas alvos dos ladrões. A reportagem alerta que a Polícia Federal tem empenho, mas faltam agentes e armas, o que os bandidos têm de sobra.

O medo dos motoristas que transitam pela rodovia BR-428 apareceu nos discursos dos entrevistados, que apelavam pela segurança na estrada. Na matéria, Pedro Bial alerta que o problema da criminalidade não é pernambucano, mas nacional, ao retratar o discurso de um caminhoneiro que já foi assaltado em estradas do Paraná e de São Paulo.

A falta de infraestrutura dos órgãos públicos, no que tange à manutenção das estradas, apareceu na pauta de diversas reportagens da *Caravana JN*, influenciando inclusive os discursos de campanha. Entre as críticas que o governo Lula (PT) sofreu pelos seus adversários políticos, a questão da infraestrutura rodoviária do país e a decadência da Polícia Federal receberam ênfase significativa, principalmente após as coberturas da *Caravana JN*. No município de Cabrobó o candidato à reeleição Lula (PT) contabilizou 83,31% dos votos, contra 14,91% do seu adversário Alckmin (PSDB).

Na rota da BR-428, a *Caravana JN* chegou à região de Petrolina. A reportagem aconteceu na casa de Ana das Carrancas, onde Pedro Bial e sua equipe privilegiaram a trajetória de vida da escultora. Pela primeira vez, durante toda a transmissão da *Caravana JN* pelo Nordeste, o tema da reportagem em Petrolina, no estado de Pernambuco, teve como foco a cultura, rompendo com a dinâmica de agendas que privilegiavam o foco em questões e problemas de ordem básica, em estados onde o candidato à reeleição Lula (PT) mantinha vantagem significativa sobre seu adversário Alckmin (PSDB). Lula (PT) obteve no primeiro turno eleitoral 73,78% da preferência do eleitorado de Petrolina, ao passo que Alckmin (PSDB) obteve 20,73% dos votos úteis no município.

Em contrapartida, a cidade de Exu, última ancoragem da *Caravana JN* no estado de Pernambuco registrou problemas de ordem básica, como falta de rede de esgoto, de água encanada e desemprego para mais da metade da população. A pobreza e a miséria local, que a reportagem da *Caravana JN* registrou, foram complementadas com o discurso de Pedro Bial, que apontou o Governo Federal como principal agente na região. O apresentador ressaltou que toda a verba da prefeitura de Exu vem do Governo Federal, assim como os R$364 mil por mês do programa Bolsa Família.

A reportagem da *Caravana JN*, ao associar o discurso do desemprego e da precariedade local, em sintonia com investimentos do Bolsa Família, principal estratégia publicitária do governo Lula (PT) em campanha pelo Brasil e, principalmente, pelas regiões Norte e Nordeste do país, poderia comprometer a imagem do programa, já que mostrou que o município de Exu pouco se desenvolveu com a ajuda federal. O cenário apresentado pela reportagem corroborava o discurso proferido pela oposição que criticava o Bolsa Família, apenas por enxergá-lo como uma estratégia eleitoreira e pouco eficaz no combate à pobreza. O *Jornal Nacional* ao enquadrar o tema Bolsa Família em Exu, supostamente colaborou com os críticos do governo. No município de Exu, o candidato à reeleição Lula (PT) obteve 76,22% dos votos úteis, e seu adversário, Alckmin (PSDB), somou 19,77%.

Mas os esforços de Lula na região foram lembrados apenas pelo telespectador local no *blog* da *Caravana JN*:

> Ao passar por Exu e falar de Luiz Gonzaga, poderia lembrar a todos que a cidade foi palco de uma terrível briga de famílias, com muitas mortes. Como funcionário do Banco do Brasil, trabalhei em Exu naquela época e testemunhei os esforços de "Seu Lula" para selar a paz entre as famílias. Só mesmo ele poderia conseguir tal feito. E conseguiu.[40]

---

40 BLOG *Caravana JN*. Disponível em: <http://www.caravanaJN.globolog.com.br>. Acesso em: 10 jun. 2008.

1 | A Caravana JN e o Brasil sobre as cinco rodas

O destino seguinte da *Caravana JN* foi o estado do Ceará. Com 5.467.185 eleitores, o resultado da eleição presidencial também apontou o favoritismo de Lula (PT) nas urnas, que obteve 71,22% dos votos úteis, contra 22,79% de seu adversário Alckmin (PSDB). Na eleição para governador do estado, o embate ficou entre o candidato Cid Gomes, do PSB, que obteve 62,38% dos votos, contra o adversário que tentava a reeleição, o candidato Lúcio Alcântara (PSDB) que contabilizou 33,87% dos votos úteis.

O baixo desempenho do candidato à presidência, Geraldo Alckmin (PSDB), refletia-se também na eleição para governador do estado, já que Lúcio Alcântara não conseguia emplacar o discurso da continuidade PSDB, que somava 16 anos de gestão. Alcântara (PSDB) entrou para o governo cearense em 2002 com o apoio de Tasso Jereissati, que havia governado o estado por três mandatos consecutivos, em 1994, 1998 e 2002.

Apesar de Cid Gomes (PSB) ser menos conhecido que Lúcio Alcântara (PSDB) no estado, contou com a vantagem de ter exercido cargos políticos, atuando duas vezes como prefeito do município de Sobral, além de ser irmão do ministro Ciro Gomes. Venceu o obstáculo da baixa popularidade diante de seu adversário com ajuda do irmão e do presidente Luiz Inácio Lula da Silva (PT) nos palanques, em uma visível aliança com o candidato à reeleição presidencial.

Ao adentrar o estado, a *Caravana JN* visitou a cidade de Juazeiro do Norte, lugar sagrado das romarias no Nordeste. A pauta da reportagem foi direcionada à trajetória de vida de padre Cícero, padroeiro local. Ao narrar a vida de Padre Cícero, imagens de pobreza e da população local apareciam no vídeo. O resultado eleitoral no município apontou o favoritismo do candidato Lula (PT), que obteve, no primeiro turno eleitoral, 95% dos votos úteis, contra 29,35% do seu adversário Geraldo Alckmin (PSDB).

A cidade de Aracati, no estado do Ceará, também recebeu a visita da *Caravana JN*. O município de Aracati igualmente registrou sua preferência eleitoral por Luiz Inácio Lula da Silva (PT), que contabilizou 67,09% dos votos úteis, contra 28,04% do seu adversário nas urnas, Geraldo Alckmin (PSDB). A reportagem na região abordou a luta pela sobrevivência de uma família de pescadores, em que o entrevistado, chamado Assis, relata a concorrência desleal das grandes corporações que utilizam tecnologia de ponta na pesca. Imagens da pequena jangada e da falta de segurança de Assis e seus filhos, na ida ao mar, em busca do sustento, foram reforçadas pelo discurso do jangadeiro que critica as leis do Congresso, entre elas aquela que desaprova a aposentaria para os jangadeiros aos 55 anos e também uma proposta que limita o seguro-desemprego a pescadores com embarcações com mais de cinco metros.

Ainda ao Norte do estado do Ceará, quase Piauí, a *Caravana JN* registrou a precariedade de uma família que vive em um território de domínio controvertido desde 1880, quando o Piauí ganhou uma saída para o mar, cedendo outro território para o Ceará. A divisa nunca foi estabelecida e, no mapa do Brasil, a bifurcação é um sinal de contestado. A equipe do *Jornal Nacional* optou por chamar o local de Contestado, ou como enfatizou o apresentador Pedro Bial "terra de ninguém".

No local de domínio incerto, nem Piauí, nem Ceará, a reportagem aconteceu na casa de Maria Xavier, moradora que enfrenta os problemas da falta de infraestrutura básica do local, onde o acesso a água, esgoto e eletricidade é inexistente. A pobreza da moradia e a humildade de Maria Xavier e de seu marido aparecem no vídeo como forma de legitimar o imaginário negativo sobre a região Nordeste do país, cujas formas são montadas a partir de matérias sobre chão rachado, gente simples, lugar seco, entre outros males.

É importante pontuar que a reportagem da *Caravana JN* não esclareceu abertamente ao telespectador que a região onde a reportagem aconteceu leva o nome Tianguá, não Contestado ou "terra de ninguém", como sugere Pedro Bial. A dificuldade inicial de identificar o equívoco só foi sanada depois ler a postagem

1 | A Caravana JN e o Brasil sobre as cinco rodas

de uma moradora de Tianguá, que mostrou sua indignação no *blog* da *Caravana JN*, conforme mostra o depoimento a seguir:

> Bial, adoro suas matérias mas fiquei um pouco triste com o seu comentário sobre minha cidade Tianguá, que você fez uma imagem equivocada do que é nossa cidade realmente, pois se você tivesse demorado um pouco mais aqui iria poder comprovar que Tianguá não é "terra de ninguém" e que aqui existe muitas belezas e que nosso povo é encantador.

A passagem da *Caravana JN* no estado do Ceará registrou a precariedade nas cidades de Juazeiro do Norte, Tianguá ("Contestado") e Aracati, e reforçou a suposta associação de reportagens que retrataram pobreza e miséria local em regiões onde as pesquisas indicavam um resultado eleitoral vantajoso ao candidato à reeleição Lula (PT).

Ainda na viagem pela região Nordeste, a *Caravana JN* visitou a cidade de Sousa, no estado da Paraíba. Com 2.655.369 eleitores, o estado da Paraíba registrou sua preferência eleitoral pelo candidato à reeleição Luiz Inácio Lula da Silva (PT), que contabilizou no primeiro turno eleitoral 65,31% dos votos úteis, contra 27,87% do seu adversário nas urnas Geraldo Alckmin (PSDB). A aliança com o candidato ao governo do estado, Cássio Cunha Lima (PSDB), que obteve 49,67% dos votos na disputa pelo governo do estado, contra 48,75% do seu adversário, o candidato José Maranhão (PMBD), não foi suficiente para alavancar a candidatura de Alckmin (PSDB) na região. Vale ressaltar, que o candidato pessedebista Cunha Lima esteve envolvido com a compra de votos do adversário, o que possivelmente garantiu sua vitória para governador do estado, no segundo turno eleitoral.[41]

---

41 O Tribunal Regional Eleitoral decidiu, no dia 30 de julho de 2007, pela cassação do governador Cássio Cunha Lima e do seu vice-governador José Lacerda Neto. Entretanto, por meio de uma liminar, Cássio Cunha Neto assumiu o governo e perdeu o mandato somente em 20 de novembro de

A visita na cidade de Sousa permitiu uma reportagem construída em um cenário de pobreza local, onde o agricultor Crisogônio Estrela de Oliveira concedeu entrevista a Pedro Bial e relatou detalhes sobre a descoberta de petróleo, ao cavar o poço em busca de água. O retrato de Crisogônio, com sua aparência humilde e carente, ficou estampado no vídeo. No final da entrevista, Pedro Bial afirma que a jazida de Crisogônio é viável e complementa o discurso ao afirmar que, apesar de não estar rico, o agricultor já sabe fazer pose de presidente. No município de Souza, o candidato à presidência, Luiz Inácio Lula da Silva (PT) obteve 74,80% dos votos válidos, contra 19,97% de seu adversário, Geraldo Alckmin (PSDB).

Da cidade de Sousa, a *Caravana JN* partiu para Assu, no estado do Rio Grande do Norte. Com 2.152.933 eleitores, o Rio Grande do Norte também confirmou o favoritismo de Lula (PT) no primeiro turno eleitoral, já que o candidato petista obteve 60,17% dos votos úteis, contra 31,57% do seu adversário, Alckmin (PSDB). O cenário governamental girou em torno do embate entre a candidata à reeleição Wilma Farias, do PSB, que conquistou 49,57% dos votos úteis e o candidato Garibaldi Filho, do PMDB, que obteve 48,60% dos eleitores.

A candidata ao governo do estado do Rio Grande do Norte, Wilma Farias (PSB), contou com o apoio do também candidato à reeleição Luiz Inácio Lula da Silva (PT) já no primeiro turno eleitoral. A presença de Lula (PT) ajudou a campanha da então governadora que venceu em uma disputa acirrada, com o peemedebista Garibaldi Filho.

A reportagem construída em Assu apontou para a precariedade da região, resgatando problemas de ordem básica, como a falta de saneamento e de serviços de saúde para a população local. A matéria se constrói ao redor do entrevistado Francisco Canindé, que atua como agente de saúde da comunidade visitada pela

---

2008, quando o Tribunal Superior Eleitoral derrubou a liminar que mantinha Cunha Lima no poder.

1 | A Caravana JN e o Brasil sobre as cinco rodas

Caravana JN. A preocupação e o cuidado com a saúde das mulheres e crianças da região fez com que o apresentador Pedro Bial o denominasse "agente-herói". O árduo trabalho de Francisco Canindé é apresentado durante toda a reportagem, que finaliza com a indignação de Pedro Bial ao esclarecer a baixa remuneração mensal dos agentes no Brasil, no valor de R$350,00 (trezentos e cinquenta reais).

A reportagem da *Caravana JN* deixa claro ao telespectador que o Governo Federal é o responsável por repassar à prefeitura o baixo valor. Assim, surge mais uma reportagem que se orienta em denunciar os problemas de ordem básica da região Nordeste, estabelecendo uma possível associação ao Governo Federal, especialmente à figura do presidente e candidato a reeleição, Luiz Inácio Lula da Silva (PT). No município de Assu, Luiz Inácio Lula da Silva (PT) obteve 70,52% dos votos úteis, contra 24,94% do seu adversário Geraldo Alckmin (PSDB). O olhar negativo da emissora, no município de Assu, reacendeu as críticas do telespectador local no *blog* da *Caravana JN*, segundo depoimento:

> Olha moro no vale do Assu, vocês passaram ontem por Assu, por acaso? Gostaria de ver as potencialidades do nosso vale em alguma matéria no jornal, não é admissível que vocês ignorem tais potencialidades. Façam uma leitura crítica da nossa região e verão que não é só miséria, nem é um mar de rosas, mas tem muito a ser feito. Inclusive esse é um dos papéis da imprensa.[42]

A próxima região visitada pela *Caravana JN* foi Pedro II, no estado do Piauí, quarto menor estado em número de eleitores do país. Com 2.073.504 votantes, Piauí também registrou a vantagem do candidato à reeleição, Lula (PT), que contabilizou 67,28% dos votos úteis, contra 28,04% do seu adversário Alckmin (PSDB). Na eleição governamental, o candidato à reeleição

---
42 BLOG *Caravana JN*. Disponível em: <http://www.caravanaJN.globolog.com.br>. Acesso em: 10 jun. 2008.

do governo do estado, Wellington Dias (PT), venceu a disputa no primeiro turno, com 61,68% dos votos úteis, contra 25,26% do candidato Mão Santa (PMDB).

A aliança de Lula com o candidato ao governo do estado de Piauí, Wellington Dias (PT), remonta à eleição de 2002, quando os dois candidatos uniram suas candidaturas. Eleito e à frente do executivo piauiense, Wellington Dias (PT) manteve-se em sintonia política com os ditames do governo do presidente Luiz Inácio Lula da Silva (PT) e reiterou seu apoio na corrida presidencial de 2006.

No estado do Piauí, a reportagem da *Caravana JN* aconteceu em Pedro II, região que sobrevive do artesanato. No município, a reportagem apontou os esforços do entrevistado, Juscelino, presidente da associação local de joalheiros e lapidários, para criar uma cooperativa de trabalho. A matéria mencionou as vantagens do projeto entrevistando os garimpeiros que, agora organizados, conseguem se estruturar e sair da informalidade. O pedido dos líderes do projeto é pelo fortalecimento da cultura da cooperativa no país.

As imagens de pobreza dos trabalhadores do garimpo de pedras ao lado da condição de trabalho ineficaz compõem mais uma reportagem em que a valência negativa prevaleceu ao lado da vantagem eleitoral do candidato Lula (PT), que obteve 70,52% dos votos úteis na região, contra 24,94% do seu adversário Alckmin (PSDB).

A próxima reportagem aconteceu no município de Riachão, no estado do Maranhão, última passagem da *Caravana JN* na região Nordeste do país. Esse estado, com 3.920.608 eleitores, demonstrou seu favoritismo pelo candidato à reeleição Luiz Inácio Lula da Silva (PT), que obteve no primeiro turno 75,50% dos votos úteis, contra 18,71% do adversário Geraldo Alckmin (PSDB). Nas eleições para o governo do estado, o embate ficou entre a candidata Roseana Sarney, do PFL, que obteve 47,21% dos votos úteis, e o adversário, Jackson Lago, do PDT, com 34,88% dos votos.

A candidata Roseana Sarney (PFL) tentava o terceiro mandato no estado do Maranhão, já que fora eleita governadora nas

1 | A Caravana JN e o Brasil sobre as cinco rodas

eleições de 1994 e 1998, pelo PMDB. Em 2001, lançou-se como candidata a presidente da República pelo PFL, mas o envolvimento em um esquema de corrupção levou Roseana a desistir da candidatura. Ainda no PFL, na eleição para o governo do estado do Maranhão, em 2006, perdeu o terceiro pleito para Jackson Lago (PDT).

O candidato Jackson Lago (PDT) teve uma linha de candidatura ascendente ao longo do período eleitoral, já que no início da campanha as pesquisas apontavam uma preferência de apenas 20% do eleitorado. Lago utilizou como estratégia apontar o desgaste político da família Sarney, denunciando fortemente casos de corrupção que, supostamente, envolviam essa poderosa oligarquia, que comanda o estado maranhense desde 1966, quando José Sarney (PMDB) foi eleito governador e depois senador do estado, só abandonando o cargo em 1985, quando assumiu a presidência do país.

O candidato pedetista Jackson Lago contou com o apoio do então governador do estado, José Reinaldo Tavares, que por conta de desavenças políticas rompera com o grupo liderado por José Sarney, em maio de 2004.[43] Com o intuito de derrotar a família Sarney, José Reinaldo uniu-se a diversas forças oposicionistas do Maranhão em torno da candidatura de Jackson Lago (PDT), que venceu as eleições no segundo turno em 2006, sucedendo-o no governo do estado. Lago fez seu material de campanha com o presidente Luiz Inácio Lula da Silva (PT), estabelecendo uma parceria com o candidato à reeleição, apesar de Roseana declarar seu apoio a Lula (PT). Tal incidente culminou com a expulsão de Roseana Sarney do PFL, uma vez que o partido atuava como oposição ao governo, e o esperado era que a candidata apoiasse o candidato Geraldo Alckmin (PSDB).

---

43 José Reinaldo Tavares disparou, em seu mandato, as mais duras críticas contra a gestão de Roseana Sarney, enquanto governadora do estado, ao responsabilizá-la pela elevação da dívida maranhense de R$ 1,3 bilhão, em janeiro de 1995, para R$ 5,1 bilhões, em 2002.

Diante desse imbróglio político, a passagem da *Caravana JN* pelo estado do Maranhão privilegiou problemas de ordem básica, como infraestrutura e educação. O município de Riachão, primeira região que recebeu a visita de Pedro Bial, propiciou uma reportagem com dados calamitosos sobre a precariedade da educação no estado.

Pedro Bial e sua equipe visitaram uma escola que funcionava na varanda de uma fazenda local, onde as crianças, entre 6 a 12 anos, frequentavam juntas, sem divisão formal de turma e de professora, a primeira, segunda, terceira e quarta séries do fundamental I. A reportagem relatou a deficiência da estrutura educacional, ao lado da ineficácia do ensino e das condições básica da região, já que os alunos não conseguiam sequer responder o que se comemora no dia 7 de setembro.

A reportagem da *Caravana JN* teve a suposta intenção de desmascarar as condições locais e a precariedade da educação no Maranhão, já que explorou imagens de pobreza e maus-tratos às crianças. Por outro lado, a repercussão da reportagem de Riachão no *blog* da *Caravana JN* foi intensa. Inúmeras críticas sobre a condução da entrevista e o enquadramento negativo dado ao município apareceram no *site* da emissora, conforme segue:

> Vocês deveriam ter mostrado as belezas de minha cidade, Riachão. Temos cachoeiras lindas, lugares lindos, e, pelo que falaram, Riachão tem pessoas educadas, formadas, e a maioria dos jovens estão fora, estudando e se formando para voltarem para cá. Riachão não tem analfabeto não, como mostrou na reportagem. Pessoas malvadas e que querem deteriorar minha cidade falaram isso a vocês, mais não é verdade.[44]

Em Riachão, o telespectador também não deixou de apontar o constrangimento que Pedro Bial causou à professora:

---
44 BLOG *Caravana JN*. Disponível em: <http://www.caravanaJN.globolog.com.br>. Acesso em: 10 jun. 2008.

1 | A Caravana JN e o Brasil sobre as cinco rodas

> Pedro Bial ao questionar as crianças de uma escola improvisada, no interior do Maranhão, deixou a professora muito envergonhada, o que me causou muita tristeza pela situação educacional do Brasil. Peço à produção da Caravana muito cuidado, pois no afã de mostrar o nosso Brasil, o tiro pode sair pela culatra e fazer com que simples trabalhadores voluntários possam se desmotivar a fazer seus, pequenos e precários, mas importantes trabalhos.[45]

Seguindo a valência negativa, as reportagens realizadas no interior do Maranhão, em Santa Inês e Governados Nunes, na estrada BR-316, denunciaram a precariedade da infraestrutura básica na região. O apresentador Pedro Bial, demonstrou uma visível irritação ao narrar sua viagem pelos trechos esburacados da BR-316, onde 60 quilômetros foram percorridos em cinco horas e sugeriu aos candidatos à presidência que fizessem uma viagem pela rodovia.

As críticas intensas ao Governo Federal também apareceram na reportagem do dia seguinte, em que Pedro Bial e sua equipe apontam que a BR-316 é a pior estrada do Brasil, segundo voz oficial do DNIT (Departamento Nacional de Infraestrutura). O apresentador denuncia que o ônibus da *Caravana JN* é saudado pelos caminhoneiros locais, que solicitam à equipe do *JN* que mostre a vergonha de estrada, sinal da falta de direcionamento correto dos impostos pagos no país.

A reportagem faz analogia direta da rodovia com o Governo Federal, ao mencionar que a BR-316 é a única estrada federal que liga o estado do Maranhão ao Pará. Nesse sentido, nota-se uma suposta tentativa em questionar a atuação do candidato à reeleição Lula (PT), uma vez que a matéria faz uma presunção de culpa, atribuindo ao presidente a responsabilidade de gerir e fiscalizar a estrada BR-316.

---

45 Informação disponível em: <http://www.caravanaJN.globolog.com.br>. Acesso em: 10 jun. 2008.

Em termos gerais, a passagem da *Caravana JN* pela região Nordeste do país reafirmou o estereótipo que cerca a região: muita seca e pouca potencialidade. O destaque majoritariamente negativo dos municípios fica visível ao calcular os percentuais de valência *versus* resultado eleitoral por cidade, que registram um total de 71% de valência negativa nas reportagens construídas em municípios onde o candidato à reeleição Lula (PT) obteve vantagem eleitoral, em comparação a apenas 6% de valência positiva para municípios em que o candidato petista liderou em número de votos.

3.4 A região Norte do Brasil em campanha pela *Caravana JN*

A BR-316 foi a estrada utilizada pela equipe da *Caravana JN* para chegar à região Norte do Brasil, mais precisamente ao estado do Pará. Na região Norte, a equipe de reportagem fez o trajeto de Belém a Manaus em um barco, que foi devidamente caracterizado e equipado para fazer o percurso pelos rios Pará e Amazonas, por oito dias.

A região Norte também apresentava um resultado favorável para o candidato à reeleição, Luiz Inácio Lula da Silva (PT), que obteve 56,06% dos votos contra seu adversário Geraldo Alckmin (PSDB), que contabilizou 36,38%. Diferente do Nordeste, entretanto, o candidato à reeleição Lula (PT) não obteve preferência eleitoral em todos os estados da região, assim, os estados do Acre, Rondônia e Roraima demonstraram favoritismo ao candidato da oposição, Geraldo Alckmin (PSDB). Vale ressaltar que tais estados não receberam a visita da *Caravana JN*.

Os municípios que receberam a visita da *Caravana JN* na região Norte demonstraram preferência eleitoral por Luiz Inácio Lula da Silva (PT), e as reportagens construídas apresentaram em sua maioria valência negativa, conforme aponta o quadro a seguir, que indica o cenário de pesquisa na região.

I | A Caravana JN e o Brasil sobre as cinco rodas

Cenário da pesquisa na Região Norte do país

NORTE	Lula	Alckmin	Valência	Governo do estado
PARÁ	51,78%	41,59%		Embate entre PT e PSDB
Belém	44,99%	40,95%	Positiva	
Curralinho	71,28%	26,74%	Negativa	
Gurupá	60,00%	38,38%	Negativa	
Almeirim	71,79%	24,81%	Negativa	
Santarém	41,88%	52,01%	Positiva	
AMAZONAS	78,06%	12,45%		Embate entre PMDB e PFL
Itacoatiara	83,22%	12,02%	Negativa	
Manaus	76,27%	10,54%	Negativa	

A cidade de Belém, capital do estado do Pará, foi escolhida pela *Caravana JN* para iniciar as reportagens sobre a região Norte do país. Com 4.157.735 eleitores, o estado do Pará trouxe como resultado a vantagem do candidato à reeleição Luiz Inácio Lula da Silva (PT), que contabilizou 51,78% dos votos úteis, contra 41,59% do seu adversário, o candidato Geraldo Alckmin (PSDB). Na eleição para governador do estado, o embate ficou entre o candidato do mesmo partido, com a senadora Ana Júlia (PT), que obteve 37,52% dos votos, contra o adversário, o candidato e ex-governador do estado, Almir Gabriel[46] (PSDB) que contabilizou 43,83% dos votos úteis, levando a disputa para o segundo turno.

O apoio político do então presidente Lula (PT) à candidatura de Ana Júlia (PT) foi determinante para que o resultado projetasse um embate entre o PT e o PSDB na região. O candidato à reeleição Lula (PT) também estendeu timidamente seu apoio ao

---

46 Almir José de Oliveira Gabriel foi governador do estado do Pará por dois mandatos consecutivos, de 1995 a 1999 e de 1999 a 2003, sendo o primeiro governador reeleito da história do estado.

candidato ao cargo de governador, José Priante, do PMDB, base aliada do governo em alguns estados. Já o PSDB possuía um histórico conhecido na região, governava o estado há 12 anos, com dois mandatos consecutivos de Almir Gabriel (1994 e 1998) e um de Simão Jatene (2002).

No estado do Pará, a *Caravana JN* passou pela cidade de Belém. A reportagem enfatizou a beleza da região, o centro cultural, o mercado local, o museu Emílio Goeldi, que abriga animais da fauna brasileira, o bosque Rodrigues Alves e, por fim, entrevistou o filósofo Benedito Nunes, que enalteceu a graciosidade de Belém. Pedro Bial declara que o filósofo, lido e cultuado internacionalmente, poderia ter escolhido qualquer grande capital do mundo para residir; preferiu Belém por causa dos pequenos encantos que a região amazônica proporciona. O filósofo espera que o próximo presidente tenha disposição para governar e declara ao apresentador Pedro Bial que o Brasil parece um país autogovernável, ninguém tem, na voz de Benedito Nunes, "essa vontade política".

No que tange a discussões políticas, a reportagem faz apenas menção à falta de governabilidade do país. Em contrapartida, há um enaltecimento da região, por meio de imagens e discursos que engrandecem a cidade. Vale ressaltar que o PSDB esteve no comando de Belém 12 anos consecutivos, já que seus representantes políticos governaram o estado desde 1994. A tentativa de continuidade partidária era uma das estratégias pessedebista, uma vez que havia uma forte união de candidaturas em busca de um índice eleitoral favorável ao candidato à presidência Geraldo Alckmin (PSDB). O candidato a presidencial Alckmin (PSDB), abrangia na cidade de Belém o maior colégio eleitoral do estado do Pará, com 927.758 eleitores, um resultado satisfatório, já que possuía 41% das intenções de voto, contra 45% do seu adversário, Luiz Inácio Lula da Silva (PT).

Não obstante, após a reportagem que exaltou a grandiosidade de Belém, houve na sequência, valência negativa aos

1 | A Caravana JN e o Brasil sobre as cinco rodas

municípios localizados no interior do estado, a saber: Curralinho, Gurupá e Almeirim. Com baixo índice de rendimento familiar, o município de Curralinho foi palco de uma reportagem que relatou os problemas do desmatamento da Amazônia, associando a questão ao desemprego local. Em oposição à cidade de Belém, o município de Curralinho demonstrava uma sensível preferência pelo candidato à reeleição Luiz Inácio Lula da Silva (PT), que contabilizou 71,28% dos votos úteis, contra 26,74% do seu adversário, Geraldo Alckmin (PSDB).

Já no município de Gurupá, a reportagem da *Caravana JN* aconteceu em um pequeno vilarejo afastado da cidade. No local a equipe relatou a vida de uma família de serralheiros, visivelmente pobres, já que as imagens exploradas mostraram a precariedade da moradia e da população que habitava esse local. Os entrevistados, donos da serralheria, Valmir e Wanderley, relataram a Pedro Bial a dificuldade que encontram para obter atendimento médico e educação adequada às crianças, denunciando a ineficácia governamental. O cenário descrito pela equipe de Pedro Bial em Gurupá também gerou indignação dos moradores do município, conforme exposto no blog da *Caravana JN*:

> É uma pena que uma equipe de reportagem do porte da do *Jornal Nacional* tenha ouvido apenas uma família e tirado conclusões a respeito do município de Gurupá. Deveriam comprovar as informações para somente depois colocar no ar. As informações sobre saúde e educação que a referida família classificou como "péssima" não correspondem a nossa realidade. É claro que temos alguns problemas, mas é verdade temos um sistema de saúde e educação muito melhor do que diversos municípios do Brasil. É só verificar *in loco* que se comprovará![47]

---

47 BLOG *Caravana JN*. Disponível em: <http://www.caravanaJN.globolog.com.br>. Acesso em: 10 jun. 2008.

Os moradores de Gurupá alertaram para a ênfase negativa dada ao município e, em tom de alerta, cobraram maior atenção do *JN* com a cidade, conforme segue:

> Realmente foi uma falta de respeito com a cidade e com as pessoas que nela moram, principalmente por terem chamado nossa terra de vilarejo... sei que a nossa cidade não é perfeita, mas tem muita coisa boa que devia ter sido citada na reportagem. Eles deviam ter se informado melhor pra não ter passado essa imagem tão ruim e, principalmente, ter mostrado um pouco da nossa cultura, das nossas riquezas que são muitas...[48]

Em relação aos resultados eleitorais, o primeiro turno em Gurupá mostrou que o candidato Lula (PT) obteve a preferência do eleitorado, já que contabilizou 60% dos votos úteis, contra 38,38% do candidato a oposição, Alckmin (PSDB).

No município de Almeirim, a equipe de Pedro Bial também denunciou a pobreza local, ao relatar a falta de estrutura educacional em uma ilha da comunidade de São Sebastião, a seis horas da sede do município. A reportagem da *Caravana JN* em Almeirim, retratou a dificuldade que o professor Anderlon enfrenta para manter em funcionamento a escola pública da região, já que falta infraestrutura básica para ministrar aulas. O professor Anderlon mostrou à equipe de Pedro Bial a precariedade do galpão velho e sujo, a escassez de material escolar, sem contar a condição precária em que vive, já que fez sua moradia no fundo da escola. Do novo presidente, o professor quer apenas um prédio novo e material escolar.

O município de Almeirim também registrou sensível vantagem ao candidato à reeleição, Luiz Inácio Lula da Silva (PT), que obteve 71,79% dos votos úteis, contra 24,81% do seu adversário, o candidato Geraldo Alckmin (PSDB). Interessante notar que,

---

[48] BLOG *Caravana JN*. Disponível em: <http://www.caravanaJN.globolog.com.br>. Acesso em: 10 jun. 2008.

1 | A Caravana JN e o Brasil sobre as cinco rodas

apesar da baixa representatividade eleitoral das regiões, Curralinho possui 12.111 eleitores, Gurupá 11.449 e Almeirim 17.097, a tendência de ressaltar aspectos negativos nas matérias se reafirma em regiões onde o candidato à reeleição Lula (PT) obtém vantagem nas urnas sobre Alckmin (PSDB).

Tal constatação pode ser averiguada na última reportagem da *Caravana JN* pela região. No estado do Pará, o município de Santarém recebeu a visita da equipe de Pedro Bial que enfatizou a cultura local, ao retratar a festa do Sairé, a mais antiga manifestação da cultura popular da Amazônia. A origem remonta ao período da colonização, há mais de 300 anos, quando os padres jesuítas, na missão catequizadora, aproveitavam o ritual de fertilidade nativo e cruzavam os símbolos: cruz, arco e flecha, trindade amazônica.

Com o tempo, o Sairé ganhou novos contornos. Atualmente, é festejado no mês de setembro e consiste em um ritual religioso que se repete durante o dia, culminando com a cerimônia da noite – ladainhas e rezas – seguida da parte profana da festa, representada pelos shows artísticos (com apresentações de danças típicas) e pelo confronto dos botos Tucuxi e Cor-de-rosa.

A beleza da festa foi transmitida pela reportagem da *Caravana JN*, que demonstrou a cultura e a arte do evento. Os pedidos para o novo presidente surgiram das belas dançarinas do Sairé, que alertaram sobre os problemas da fome, miséria e falta de educação para as crianças.

O município de Santarém possui um número elevado de votantes, compreendido em 179.938 eleitores. Na região o candidato tucano Geraldo Alckmin (PSDB) manteve uma vantagem significativa no município, somando 52,01% dos votos úteis, contra 41,88% do seu adversário, o candidato petista à reeleição, Luiz Inácio Lula da Silva (PT).

Do município de Santarém, no Pará, a *Caravana JN* seguiu para o estado do Amazonas. Com 1.464.976 eleitores, o candidato à reeleição Lula (PT) obteve vantagem significativa sobre seu adversário em Manaus, contabilizando 78,06% dos votos úteis, contra 12,45% do candidato Alckmin (PSDB). Vale ressaltar que foi nesse estado que Lula (PT) obteve maior votação proporcional do país.

A candidatura de Lula (PT) pelo estado contou com o apoio do então governador e candidato à reeleição Eduardo Braga (PMDB). Sem candidato para a disputa ao governo amazonense, o PT articulou uma aliança com o PMDB, apoiando a candidatura de Braga. A eleição para governador do estado foi definida no primeiro turno, com a vitória de Eduardo Braga (PMBD), que contabilizou 50,63% dos votos úteis, contra 40% do candidato Amazonino Mendes (PFL).

Já o candidato tucano à disputa presidencial, Geraldo Alckmin (PSDB), não conseguiu uma forte aliança na região, uma vez que o candidato Amazonino Mendes, do PFL, refutou unir forças com o PSDB. A recusa de Amazonino é histórica e envolve um conflito com o PSDB, em especial com José Serra, então candidato ao governo paulista, na eleição de 2006, por causa dos incentivos fiscais para as indústrias da Zona Franca de Manaus.

A primeira cidade visitada pela *Caravana JN* no Amazonas foi Itacoatiara. Pedro Bial e sua equipe registraram a dificuldade que uma família pobre de pescadores enfrenta com a falta de trabalho local. A matéria retrata que a pesca é insuficiente para a sobrevivência dos seis membros da família e mostra a imagem de um pequeno peixe, capturado após algumas horas de pescaria.

Os pescadores relatam que a concorrência com os botos e com as fazendas de gado responsáveis por secar os lagos é injusta. Outros competidores perigosos são os jacarés, que, protegidos pelo Ibama, acabam inibindo a pesca e formando uma superpopulação.

A precariedade da família fica retratada na expressão de angústia dos caboclos que lutam para garantir a sobrevivência. Com 51.125 eleitores, Itacoatiara demonstrou preferência eleitoral pelo candidato à reeleição Luiz Inácio Lula da Silva (PT), que somou

I | A Caravana JN e o Brasil sobre as cinco rodas

83,22% dos votos úteis, contra 12,02% do candidato da oposição ao governo, Geraldo Alckmin (PSDB).

A cidade de Manaus, capital da Amazonas, próximo ponto de parada da *Caravana JN* também foi construída sob um viés negativo. O candidato à presidência Lula (PT) também acumulou na região um resultado vantajoso sobre seu adversário, somando no primeiro turno eleitoral 76,27% dos votos úteis, contra 10,54% de Alckmin (PSDB).

Ao retratar a região, a Caravana JN enfatizou a precariedade local, ao relatar a poluição dos igarapés, prevalecendo imagens de muita lama e lixo. Um tom de nostalgia percorreu a reportagem, já que a poluição foi apresentada como um dado final, desprovido de qualquer solução.

O destaque negativo à cidade de Manaus provocou grande repercussão entre os amazonenses, que manifestaram sua indignação no *blog* da *Caravana JN*, conforme segue:

> Como amazonense, repudio a maneira como Manaus foi apresentada para o restante do Brasil. A situação dos igarapés mostrada na matéria da *Caravana* é verdadeira. Há poluição, sim! Não podemos contestar, mas o trabalho de saneamento e urbanização chamado Prosamim, que está sendo desenvolvido em boa parte destes lugares, já está mudando o cenário divulgado na reportagem de Bial. Mais de 5 mil famílias estão sendo beneficiadas pelo Programa. Várias já foram retiradas de áreas de risco e hoje vivem em conjuntos habitacionais. Como amazonense, gostaria de ter visto uma matéria em que fossem mostradas as duas realidades e não apenas um lado do fato. Omiti-lo. O trabalho de despoluição é de longo prazo e requer conscientização da população. Na próxima matéria sobre algum assunto que se referir a Manaus espero assistir um material em que não apareçam apenas coisas ruins da nossa cidade.[49]

---

49 BLOG *Caravana JN*. Disponível em: <http://www.caravanaJN.globolog.com.br>. Acesso em: 10 jun. 2008.

Outra manifestação, publicada no blog da *Caravana JN*, alertou para a diferença de enquadramento entre Manaus e Belém:

> Quer dizer que Manaus, a metrópole da Amazônia, só tem igarapé? É isso? Quero deixar bem clara a minha revolta diante dessa reportagem pobre!!!!! Não é possível que profissionais como vocês puderam fazer uma coisa dessas... Manaus tem pontos turísticos belíssimos. Que poemazinho ridículo, Pedro Bial?! Quantos igarapés, né? Igarapés que os próprios moradores poluem. Que direitos eles têm de reclamarem, me digam????? Manaus não é apenas isso, não, assim como nenhum outro lugar desse mundo. Agora a do Pará, né, Pedro Bial, foi belíssima, você é de lá, é?[50]

Vale ressaltar que o próprio público sentiu-se lesado com a reportagem realizada em Manaus. A desconfiança no que tange ao processo de produção da notícia, que estabelece o enquadramento positivo de um estado em comparação à imagem negativa do outro, fica visível no comentário de outro telespectador:

> Gostaria de sugerir uma visita pela cidade de Manaus, não somente à zona rural de nosso estado: temos o gás natural em Coari, possuímos o Teatro Amazonas, que é considerado um dos mais belos, temos *shoppings*, igrejas belíssimas e não somente vias de acessos fluviais, como dito ou pelo menos entendido por nós da região em sua reportagem da *Caravana JN* nos dias 11 ou 12 deste mês. Ficaríamos muito gratos se isto fosse ratificado.[51]

A cidade de Manaus demarcou o fim da viagem de barco da equipe da *Caravana JN* pelo Norte do país. A passagem pela região,

---

50 Disponível em: <http://www.caravanaJN.globolog.com.br>. Acesso em: 10 jun. 2008.
51 Disponível em: <http://www.caravanajn.globolog.com.br>. Acesso em: 10 jun. 2008.

1 | A Caravana JN e o Brasil sobre as cinco rodas

onde o candidato à reeleição Luiz Inácio Lula da Silva (PT) obtinha vantagem eleitoral, foi marcada por um percentual de 72% de valência negativa, em comparação a apenas 14% de valência positiva para o petista. Já no município onde o candidato Alckmin (PSDB) obteve maioria eleitoral, a valência foi positiva (14%).

3.5 A região Centro-Oeste do Brasil em campanha pela Caravana JN

Para cobrir a região Centro-Oeste do Brasil, a equipe de Pedro Bial retomou o ônibus da *Caravana JN*. A região Centro-Oeste do país, com 7.358.015 eleitores, demonstrava seu favoritismo pelo candidato tucano, Geraldo Alckmin (PSDB), que contabilizou 51% dos votos úteis, contra 38% do adversário petista, Luiz Inácio Lula da Silva (PT). Os municípios que receberam a visita da equipe de Pedro Bial estão registrados no quadro a seguir, que mostra o cenário de pesquisa por região.

Cenário de pesquisa na Região Centro-Oeste do país

CENTRO-OESTE	Lula	Alckmin	Valência	Governo do estado
MATO GROSSO	38,65%	54,81%		Embate PT e PPS
Campo Verde	41,94%	52,90%	Negativa	
Barra do Garça	42,41%	51,00%	Negativa	
MATO GROSSO DO SUL	35,99%	56,24%		Embate PT e PMDB
Corumbá	55,40%	34,76%	Negativa	
GOIÁS	51,49%	40,16%		Embate PMDB e PP
Goiás	42,48%	50,20%	Positiva	
Nova Crixás	37,44%	59,92%	Negativa	
São Miguel do Araguaia	35,18%	59,27%	Neutra	
Pirenópolis	36,54%	58,32%	Positiva	

A passagem da *Caravana JN* pelo Centro-Oeste do Brasil teve início no estado de Mato Grosso e finalizou em Brasília, dois dias antes do primeiro turno eleitoral. Com aproximadamente 1.549.616 eleitores no estado de Mato Grosso, o candidato Alckmin (PSDB) contabilizou grande vantagem sobre seu adversário, somando 54,81% dos votos úteis, contra 38,65% de Lula (PT). Já na eleição governamental, o candidato à reeleição Blairo Borges Maggi (PPS) venceu a disputa no primeiro turno, com 65,39%, contra a segunda colocada na disputa, a candidata Serys Smarly Slhessarenko (PT), que somou 11,36% dos votos úteis. O cenário eleitoral do estado foi demarcado pelo apoio do candidato ao governo, Blairo Borges Maggi (PPS), a Lula (PT), no segundo turno, contrariando as regras do partido que indicava uma aliança com Alckmin (PSDB).

O apoio de Blairo Maggi (PPS) à candidatura de Lula (PT) causou grande repercussão no campo midiático, uma vez que o então governador do estado já havia declarado em diversos jornais de grande circulação sua insatisfação com o então presidente. O jornal *Folha de S.Paulo*, por exemplo, denunciou que o governador Blairo Maggi (PPS), conhecido como "rei da soja", por deter a maior parte das agroindústrias em Mato Grosso, declarou seu apoio a Lula (PT) em troca de um bilionário investimento no setor. Segundo esclarece a reportagem do dia 9 de outubro de 2006, da *Folha de S.Paulo*:

> ... o governo vai liberar, na segunda-feira, R$1 bilhão para a comercialização da safra de soja. Será a primeira medida do novo pacote agrícola que o presidente Luiz Inácio Lula da Silva (PT) prometeu ao governador de Mato Grosso, Blairo Maggi (PPS).[52]

Vale lembrar que, em 19 de abril de 2006, o governador do Mato Grosso, Blairo Maggi, do PPS, fez também à *Folha de S.Paulo*

---

52 MAGGI rei da soja em alta. Disponível em: <http://www1.folha.uol.com.br/folha/brasil/ult96u84620.shtml>. Acesso: 3 jun. 2009.

1 | A Caravana JN e o Brasil sobre as cinco rodas

a seguinte afirmação: "A minha revolta, a busca de uma nova alternativa, é porque esse que está aí já disse a que veio. E não vai fazer as mudanças. Aposto as fichas no senhor [Alckmin]".[53] A revolta de Blairo Maggi (PPS) em relação ao governo Lula (PT) também foi declarada abertamente pelo governador, em 22 de agosto de 2005, em entrevista à Rádio Cultura AM, de Cuiabá, quando classificou de pífia a atuação de Lula no Mato Grosso.[54]

Interessante notar que a passagem da *Caravana JN* pelo estado do Mato Grosso trouxe como tema o agronegócio e a falta de incentivo do Governo Federal na região. A cidade de Campo Verde foi palco da primeira reportagem no Centro-Oeste. O desejo de romper as barreiras do agronegócio apareceu na pauta das entrevistas com fazendeiros locais, que enfatizaram as críticas à decadência do agronegócio, que desde 2002, não enfrenta uma época boa. A crise, na opinião dos entrevistados, tem como ponto principal a falta de infraestrutura para escoar os produtos, a abusiva carga tributária, a concorrência dos transgênicos e o dólar baixo.

Apesar de destaque negativo da reportagem ao retomar a crise do setor, a matéria anuncia que o agronegócio viveu sua melhor fase de 1996 até 2002, exatamente o período que o Brasil era governado pelo presidente Fernando Henrique Cardoso (PSDB). É inegável pontuar que apesar de não citar os candidatos em campanha, a matéria associa a crise do setor à gestão Lula (PT), que comandava o país desde janeiro de 2003. Em Campo Grande, cidade com 18.846 eleitores, o candidato Alckmin (PSDB) obteve 52,90% dos votos úteis, contra 41,94% do seu adversário, o candidato à reeleição Lula (PT).

No município de Barra do Garças, também no estado do Mato Grosso, com 39.887 eleitores, o candidato Geraldo Alckmin (PSDB) obteve vantagem eleitoral, com 51% da preferência

---

53 GOVERNADOR do MT aposta na candidatura de Alckmin. Disponível em: <http://www1.folha.uol.com.br/folha/brasil/ult96u77670.shtml> Acesso em: 17 jul. 2009
54 Disponível em <http://www.globo.com> Acesso: 3 jun. 2009.

popular, contra 42,41% do seu adversário, Luiz Inácio Lula da Silva (PT). A reportagem no município abordou a explosão de farmácias, já que em menos de três quadras foi possível contar 14 estabelecimentos. O entrevistado, consultor empresarial, Sidney Ferreira, apontou em entrevista à *Caravana JN* que o problema está na falta de imaginação do brasileiro para diversificar os negócios empresariais e, sobretudo, no escasso investimento governamental concedido ao microempreendedor no país. Assim, construídas com foco negativo, abordando a falta de investimento do governo na região, a equipe de Pedro Bial fez as duas reportagens em Mato Grosso.

Outro estado que recebeu a visita da *Caravana JN* foi Mato Grosso do Sul. Com 1.288.948 eleitores, a região demonstrou seu favoritismo ao candidato Geraldo Alckmin (PSDB), que somou 56,24 % % dos votos úteis, contra 35,99% do seu adversário, Luiz Inácio Lula da Silva (PT). Na eleição governamental, o candidato André Puccinelli, do PMDB, garantiu a vitória no primeiro turno, com 61,33% dos votos, contra o segundo colocado Delcídio do Amaral Gómez, do PT, que somou 38,03% da preferência eleitoral.

O apoio que o PT, na figura de Lula, concedia e recebia do PMDB, em âmbito regional, não se estendeu para o estado do Mato Grosso do Sul, onde existe uma discordância entre os dois partidos. O candidato Delcídio do Amaral (PT) tentava manter a hegemonia petista no estado, governado por José Orcírio Miranda dos Santos, o Zeca (PT), desde 1998. Entretanto, sua candidatura era rejeitada não somente pela população como também por alguns militantes do próprio partido dos trabalhadores, que consideravam o candidato extremamente conservador, uma vez que já havia atuado com militante pessedebista, entre 1997 e 2001. O cenário petista no estado aparecia enfraquecido tanto na disputa governamental, como na corrida presidencial, pois o candidato Alckmin (PSDB) conseguia vantagem significativa sobre Lula (PT).

1 | A Caravana JN e o Brasil sobre as cinco rodas

A passagem da *Caravana JN* no estado do Mato Grosso do Sul aconteceu na cidade de Corumbá, região de reduto petista, onde Lula (PT) conquistava uma vantagem eleitoral sobre seu adversário Alckmin (PSDB). A cidade de Corumbá possui 62.241 eleitores e na localidade o candidato Lula (PT) obteve 55,40% dos votos, contra 34,76% do seu adversário Alckmin (PSDB). Ao adentrar a região, a equipe de Pedro Bial resgatou a beleza local ao entrevistar a artista Isulina Xavier, que apontou a grandiosidade das terras pantaneiras. O desejo de Isulina na hora de votar foi por futuro, educação para as crianças desamparadas.

O entrevistado de nome Paulo, conhecido como "rei do pantanal", surge na sequência, complementando o discurso da artista Isulina. Em tom de cantoria, Paulo narrou sua infância sem escola e sua vontade de aprender. "A salvação foi ficar perto dos animais, aprender com as onças e com os pássaros", relatou Paulo. A sabedoria de entender a fauna local é uma honra para o pantaneiro, que não frequentou a escola. A reportagem aponta o antigo problema ligado à falta de investimento na educação local. Apesar do tom sutil da matéria, um sério problema de ordem governamental foi apontado em um estado de gestão petista, associado ao fato de que Corumbá era um dos poucos municípios do Mato Grosso do Sul onde o candidato Lula tinha vantagem eleitoral sobre seu adversário Alckmin.

Do Mato Grosso do Sul, a *Caravana JN* seguiu para o estado de Goiás, palco das últimas reportagens do projeto. O estado possui o maior número de eleitores da região Centro-Oeste, com 3.873.542 votantes. Na disputa eleitoral para presidente, o candidato Geraldo Alckmin (PSDB) obteve o favoritismo nas urnas, somando 51,49% dos votos, contra 40,16% do seu adversário, o candidato Luiz Inácio Lula da Silva (PT). O cenário estadual apresentou o embate entre os candidatos à reeleição Alcides Rodrigues Filho, do PP, que somou 48,22% dos votos úteis, contra o adversário, Luiz Alberto Maguito Vilela, do PMDB, que obteve 41,16% da preferência eleitoral. A campanha foi marcada pela aliança entre o PT e o PMBD, com Lula e Manguito Vilela unindo as candidaturas pelo estado, ao passo que o candidato Geraldo Alckmin (PSDB) obteve o apoio de Alcides Rodrigues Filho (PP).

Apesar de o candidato à reeleição, Alcides Rodrigues (PP), aparecer como segundo colocado nas pesquisas, sua vantagem em relação ao adversário Manguito Vilela (PMDB) crescia diariamente, e era sustentada pela proposta de dar continuidade à administração apresentada como "Tempo Novo", denominação que caracterizava a oposição de 16 anos do PMDB no estado e que foi intitulada estrategicamente, pelos adversários de campanha de "Tempo Velho".

A primeira reportagem do estado de Goiás aconteceu na cidade de Goiás, patrimônio cultural da humanidade. Na região, a equipe de Pedro Bial ressaltou a cultura, ao apresentar o Museu das Bandeiras e a Praça Brasil Caiado, construções do século XVIII. Narrou o sonho de chegar à cidade onde nasceu e morreu a poeta Cora Coralina. Valorizou a arte local ao apresentar o trabalho da artista plástica Goiandira do Couto, renomada internacionalmente pelo trabalho de pintura com areia. Abordou a delicadeza da doceira Silva Curado que, com as pontas dos dedos, cria os alfenins, massa de açúcar e óleo de amêndoa doce com a qual, enquanto quente, se moldam diversas figuras.

A reportagem não propôs aos entrevistados questões sobre problemas de infraestrutura básica. Vale ressaltar que a cidade de Goiás, com 21.326 eleitores, registrou sua preferência pelo candidato Geraldo Alckmin (PSDB), que obteve 50,20% dos votos úteis, contra o adversário Luiz Inácio Lula da Silva (PT), que somou 42,48%.

No interior de Goiás, a *Caravana JN* registrou o desejo dos pecuaristas do município de Nova Crixás. Com 7.601 eleitores, o município manifestou-se favorável à candidatura de Geraldo Alckmin (PSDB), que conquistou 59,92% dos votos úteis, contra 37,44% do seu adversário, Luiz Inácio Lula da Silva (PT).

1 | A Caravana JN e o Brasil sobre as cinco rodas

A reportagem entrevistou os produtores do setor, que expuseram à equipe de Pedro Bial as dificuldades que enfrentam, já que a pecuária exige altos investimentos, com retorno em longo prazo. O pecuarista Kiko afirmou que o dólar baixo é o maior responsável pela crise do setor, já que a exportação do produto fica cara, ocorrendo assim uma concentração e uma superoferta no mercado nacional, o que acarreta a queda de preço da mercadoria.

A reportagem enfatiza que a crise da pecuária trouxe como consequência a demissão de, no mínimo, 30% dos funcionários do campo. A solução aparece na voz do pecuarista Kiko, que deseja juros mais baixos do próximo governo, para equilibrar o dólar. O pedido por honestidade e trabalho sério também surge no discurso do pecuarista, como apelo ao próximo governo.

Na cidade de São Miguel do Araguaia, próxima ancoragem da *Caravana JN* pelo estado de Goiás, os temas corrupção e mudança estiveram presentes na pauta da reportagem. O município tem como padroeiro São Miguel Arcanjo. Pedro Bial e sua equipe acompanharam a novena dos devotos que, na voz dos entrevistados, rezavam para vencer o mal da miséria, da fome, da injustiça e da desigualdade na região.

Os moradores apelavam por emprego, item escasso desde o fechamento da principal fazenda e dos frigoríficos locais. Interessante notar a complementaridade das reportagens, já que, no dia anterior, no município de Nova Crixás, os pecuaristas alertaram que o desemprego é uma das consequências da falta de apoio do governo. Outro tema que percorreu a reportagem na região Centro-Oeste foi a corrupção e a possibilidade de mudança que, na voz da professora Leila, só o voto é capaz de consolidar. Já o responsável pela paróquia de São Miguel de Araguaia, padre Júnior, foi incisivo e direto no seu desejo, ao apontar que diante de tantos escândalos e de tantos problemas, tantas corrupções, espera do eleitor um voto mais consciente.

O discurso do padre Júnior, supostamente, faz analogia aos problemas de corrupção que vieram a público no primeiro mandato presidencial do candidato à reeleição, Luiz Inácio Lula da Silva (PT). Retomar o tema, na voz do padre, representante do padroeiro local, São Miguel do Arcanjo, três dias antes do primeiro turno das eleições presidenciais, reforça a hipótese de que a *Caravana JN*, mesmo sem abordar diretamente a figura do candidato Lula (PT), buscou questionar sua campanha às vésperas da eleição.

É possível constatar que os temas corrupção e mudança também estiveram na pauta da reportagem seguinte, última no estado de Goiás. Em Pirenópolis a *Caravana JN* retratou o desejos de quem trabalha na eleição, os representantes da justiça eleitoral. Todo o discurso, proferido dois dias antes do primeiro turno eleitoral, mencionou o voto como elemento máximo da democracia, capaz de conduzir o país à mudança. O entrevistado Lucas Barbosa, chefe do cartório eleitoral, em Goiás, alerta que, por meio do voto, será possível quebrar o desencanto e renovar a esperança do país.

Importante pontuar que o *slogan* para a campanha eleitoral do presidente Luiz Inácio Lula da Silva à reeleição, em 2006, trouxe como tema "Deixa o homem trabalhar" e "É Lula de novo com a Força do Povo". Ao passo que o candidato à oposição ao governo, Geraldo Alckmin, adotou o *slogan* "Por um Brasil decente", fazendo analogia direta aos problemas da gestão petista.

Nota-se que o cenário de construção no Centro-Oeste foi semelhante às demais regiões do país pela associação direta que as reportagens com valência negativa estabeleceram com o Governo Federal, representado pelo então presidente Lula (PT). Nesse sentido, é preciso estabelecer uma leitura crítica sobre os percentuais que traçam a relação entre o resultado eleitoral do primeiro turno e a valência por municípios, já que o candidato Geraldo Alckmin (PSDB) obtinha vantagem eleitoral na maior parte das cidades visitadas pela Caravana JN na região Centro-Oeste.

Apesar da valência por município *versus* resultado eleitoral mostrar a vantagem que o candidato à presidência Geraldo

1 | A Caravana JN e o Brasil sobre as cinco rodas

Alckmin (PSDB) somava na região Centro-Oeste, não se pode considerar que a abordagem negativa dada à maioria dos municípios (72%) soou negativamente à candidatura tucana, principalmente porque vieram repletas de apelos e simbologias, que permitiam uma associação com a figura do candidato à reeleição, Luiz Inácio Lula da Silva (PT).

2.

O JORNAL NACIONAL E AS PRINCIPAIS DISCUSSÕES POLÍTICAS DO PAÍS

4. O Surgimento do Jornal Nacional e a ditadura militar

O *Jornal Nacional* nasceu na fase mais repressora da ditadura militar. Meses antes de sua inauguração, mais precisamente em 13 de dezembro de 1968, entrava em vigor o Ato Institucional n° 5 (AI-5), decretado pelo presidente Artur da Costa e Silva. Com base nessa legislação constitucional, que tinha como premissa aumentar significativamente os poderes do presidente, a liberdade individual foi cerceada no país.

Um das características do Ato Institucional n.° 5 (AI-5) estava nas restrições que impunha à imprensa. Matellart (1997, p. 50) lembra que os delitos de imprensa passaram, do direito comum, ao crime político, proibido em todo território nacional. Qualquer tentativa de ruptura com a lei promulgada era tida como ato de sublevação e não conformismo social.

Com o endurecimento do regime, a participação do telejornalismo, que já era secundária na grade de programação, tornou-se quase restrita. Conforme esclarece Simões (2000, p. 70), logo após a promulgação do AI-5, os telejornais mantiveram-se no ar somente para cumprir a legislação. O conceituado *Jornal Vanguarda* da TV Excelsior, por exemplo, que usufruía de forte reputação junto ao público por interpretar as notícias e manter uma estrutura com profissionais de prestígio, resolveu sair de cena logo após o ato.

2 | O Jornal Nacional e as principais discussões políticas do país

Não obstante, enquanto a censura militar limitava o direito à liberdade de imprensa no país, também dava amparo à incorporação de um telejornal altamente despolitizado e sem qualquer teor crítico, como era o *Jornal Nacional*, nos seus primeiros anos de existência. Sem fortes concorrentes e apertado entre duas telenovelas, o *Jornal Nacional* cumpriria não somente a função de prender o público à grade de programação da emissora, no que ficou conceituado, posteriormente, como fórmula-sanduíche, como também de manter acesa a chama do "Brasil Novo", ao vivo, para o lar de milhões de telespectadores.

A dobradinha *Jornal Nacional*/telenovela, tradicionalmente usada como estratégia de alavancagem da programação jornalística, foi conceituada por Lins da Silva (1985, p. 35):

> A estratégia da Rede Globo quando decidiu lançar o *Jornal Nacional* em 1969 foi absolutamente perfeita. Aquele seria o programa de prestígio da casa. Para que tivesse uma audiência garantida, ficaria espremido entre duas telenovelas, já então o gênero mais popular e com uma fórmula que se mostraria imbatível ao longo dos anos: às 19 horas, um enredo mais leve e bem-humorado e às 20 horas outro mais adulto e dramático. No meio delas, um telejornal que desse à dona de casa o tempo certo para colocar o jantar na mesa e ao chefe da família a chance de inteirar-se, mesmo que superficialmente, dos principais assuntos do dia.

Sob o argumento da rígida censura, o *Jornal Nacional* investia em uma programação com alto padrão de qualidade. Por outro lado, a preocupação em dar sustentabilidade ao regime e ao chamado "milagre econômico", foi apontada por Guilherme Jorge de Rezende já no primeiro videoteipe do *Jornal Nacional*. O autor (2000, p. 110) lembra das imagens de otimismo do então ministro da Fazenda, Delfim Neto, após sair de uma reunião com a Junta Militar.

O conteúdo exibido pelo telejornal era controlado não somente pela censura, mas principalmente por profissionais da própria emissora. Simões (2000, p. 72) relembra o episódio do sequestro do embaixador norte-americano Charles Elbrick por um grupo da luta armada brasileira. Uma das exigências dos sequestradores para libertar o embaixador, era a leitura de um manifesto na TV. O *JN* estava a apenas um mês de sua estreia e o manifesto foi lido com um imenso constrangimento e certo pavor de Cid Moreira, que chegou a dizer ao vivo que estava ali como mero leitor.

Dessa forma, evitando confrontos com o governo e investindo em uma programação amena, não demorou ao noticiário alcançar um alto índice de popularidade e conquistar os corações e mentes dos telespectadores cariocas e paulistas. Conforme demonstram Borelli e Priolli (2000, p. 58), em 1971, um ano antes do ingresso da TV em cores no país, o *Jornal Nacional* já despontava entre os dez programas mais assistidos da programação brasileira.

No Rio de Janeiro, o *Jornal Nacional* estava em primeiro lugar e, em São Paulo, em sexto, liderança que conquistaria no ano seguinte. Segundo apontam os autores (2000, p. 54), foi também ao longo da década de 1970 que o telejornal transformou-se em uma empresa quase monopolista. O noticiário chegou a ter quase 80 pontos de audiência, conforme indicaram os órgãos de pesquisa da época.

A estratégia para os altos índices de audiência também encontrava explicação na estrutura estética adotada pelo telejornal e, principalmente, na escolha dos apresentadores. Segundo nos informa Guilherme Jorge de Rezende (2000, p. 114), José Bonifácio de Oliveira Sobrinho, o Boni, diretor-geral da Globo na época, carregava a firme convicção de que o visual do cenário devia ser complementado com a criteriosa seleção dos locutores. Para o diretor da Rede, além da correção, da boa voz, do timbre bonito, os telejornais da emissora se beneficiariam muito com a presença

2 | O Jornal Nacional e as principais discussões políticas do país

de apresentadores que fossem competentes e bonitos para atrair o público majoritariamente feminino das telenovelas (REZENDE, 2000, p. 226).

Nessa perspectiva, Rezende (2000, p. 115) indica que o apresentador Cid Moreira não só cumpriu o papel da boa aparência, como também projetou para o telespectador uma aparente "neutralidade" e formalismo, transmitindo uma imagem de objetividade na abordagem dos fatos, indispensável à conquista da audiência.

O *Jornal Nacional* investia arduamente na composição de uma estrutura estética, que reforçava para o telespectador seu aparente compromisso com a neutralidade e a imparcialidade da notícia. Foi nessa fase que o cenário revelou-se uma preocupação especial para os produtores do veículo. No tempo que a TV Globo era chamada de "Vênus platinada", Luís Gleiser definiu assim essa relação:

> É tudo cinza-azulado como nos tempos da TV branco-e-preto, do paletó e gravata ao cabelo e ao cenário. Este avatar de cores da emissora (platina e azul, cores frias e raras nos trópicos, onde por acaso fica o Brasil) parece trabalhar num bloco de gelo, e é executado, iluminado e mantido com a mais rigorosa exatidão (GLEISER, 1983, p. 32).

E assim manteve-se o *JN* durante a fase mais rígida da ditadura: respaldado pela estrutura estética e, sobretudo, pelo padrão de qualidade Globo. Dessa forma, não é incomum encontrar entre os depoimentos dos fundadores da emissora questionamentos sobre as diversas pesquisas que abordaram a ligação promíscua entre o telejornal e o governo militar. Walter Clark (1991, p. 256), por exemplo, considerava inequívoca a relação traçada por inúmeros pesquisadores. Para Clark, o *Jornal Nacional* operava na faixa de informação fria, *hard news*, sem comentários e seguia uma linha estritamente informativa.

Nota-se também que, durante o período mais rígido da ditadura, a justificativa dos profissionais do *JN* para a exclusão de temas relevantes à população, pairava única e exclusivamente sobre a censura, conforme se verifica em depoimento de Armando Nogueira (diretor de Jornalismo na época), no livro de homenagem aos 15 anos de história do veículo:

> Nós queríamos saber se tudo ia funcionar do ponto de vista técnico, estritamente técnico [...], não estávamos preocupados em fazer, no *Jornal Nacional*, um belo jornalismo, porque isso não seria possível debaixo de uma censura que era exercida de uma forma rigorosa [...]. Nossa preocupação em matéria de telejornalismo [...] não ia além da forma, do formato, da parte visual, porque sofríamos restrições ao exercício da plena liberdade de informação (JORNAL NACIONAL, 15 anos de história).

É sabido que o *Jornal Nacional*, assim como todo jornalismo no país, mantinha uma linha editorial submetida às restrições da cesura, mas no caso do *JN*, ela também estava sedimentada em uma agenda política que guardava uma valência positiva ao regime. O próprio depoimento do então general-presidente Emílio Médici é revelador dessa constatação:

> Sinto-me feliz, todas as noites, quando ligo a televisão para assistir o noticiário. Enquanto as notícias dão conta de greves, agitações, atentados e conflitos em várias partes do mundo, o Brasil marcha em paz, rumo ao desenvolvimento. É como se eu tomasse um tranqüilizante, após um dia de trabalho (LINS DA SILVA, 1985, p. 39).

O *Jornal Nacional* ajudava a construir uma imagem de Brasil que ocultava, conforme esclarece Matellart (1997, p. 47), uma taxa efêmera de crescimento elevado, baseada em um custo social de concentração dramática das rendas (em 1986, $\frac{3}{4}$ da população brasileira ganhava apenas o salário-mínimo, que não cobria senão $\frac{1}{6}$ das necessidades de uma família).

Para Lins da Silva (1985, p. 45), uma análise com espírito crítico era capaz de perceber algumas técnicas através das quais

2 | O Jornal Nacional e as principais discussões políticas do país

o Jornal Nacional passava à população brasileira uma imagem altamente positiva do regime e negativa das oposições. Conforme lembra Simões (2000, p. 83), "No Jornal Nacional, a estratégia era transparente e implicava começar o bloco noticioso relatando algum sucesso isolado da Arena".

Já em relação aos opositores, mesmo quando o regime começou a enfraquecer, e a Rede Globo pôde dar os passos para conquistar sua autonomia, a visão ainda era áspera. A transmissão da greve dos metalúrgicos do ABC paulista, em 1978, pelo noticiário, simboliza claramente tal postura. A cobertura, conforme esclarece Simões (2000, p. 85), foi fraca, desqualificando a importância do evento, e mostrando-se favorável ao patronato. Lins da Silva (1985, p. 39) atesta, inclusive, que a cobertura completa da greve foi cortada pelo próprio Roberto Marinho.

A partir de 1979, com a abertura política do governo João Baptista de Oliveira Figueiredo, a censura para o telejornalismo foi aliviada e o *Jornal Nacional* pôde dar seus primeiros passos rumo à autonomia. Apesar de leve, o tom oficialista do regime cedeu lugar a uma crítica suave, construída em torno dos problemas do país, a partir de uma estratégia que não agredia, e, tampouco, rompia com o regime. Assim, quando precisava abordar os assuntos críticos, o telejornal concentrava-se em problemas regionais (LINS DA SILVA, 1985, p. 40).

A razão para a fidelidade baseava-se supostamente na relação que a Rede Globo estabelecia junto ao regime, mas, sobretudo, no poder de persuasão que o noticiário exerce sobre o telespectador. Em 1979, conforme atesta Carlos Rodolfo Amêndola Ávila (1982, p. 60) o *Jornal Nacional* alcançava a marca de 79,9% da audiência nacional, o que equivalia a 59,925 mil telespectadores ligados no telejornal.

Conscientes da sua força, Lins da Silva (1985, p. 40) informa que as críticas ao conteúdo transmitido pelo JN eram repassadas diariamente a Roberto Marinho, pelo próprio presidente da República e pelos ministros de Estado. Tal afirmativa foi ratificada posteriormente pelo dono da emissora em entrevista concedida ao jornalista Alain Riding, do jornal *New York Times*. Segundo Marinho, era ele quem determinava e acompanhava de perto o que seria transmitido pelo noticiário, conforme informa:

> Como único proprietário da Rede, o homem ao telefone, Roberto Marinho, assiste ao noticiário com especial atenção. Após os 30 minutos de transmissão, o Sr. Marinho, invariavelmente, telefona para a redação e faz comentários, sugestões e críticas. Nós fornecemos todas as informações necessárias, mas nossas opiniões são de uma maneira ou de outra dependentes do meu caráter, das minhas convicções e do meu patriotismo. Eu assumo a responsabilidade sobre todas as coisas que conduzo, disse Roberto Marinho.[55]

Por outro lado, não se pode ignorar que a fidelidade da Globo ao Estado deu-se também para cumprir um aspecto contratual. Vale lembrar que um dos aspectos mais relevantes da concessão pública é sua reversibilidade, processo mediante o qual o Estado é capaz de reaver o que foi concedido por instrumento contratual. Por essa justificativa, caminhou a emissora durante todo o período de ditadura militar até o surgimento de uma nova era para a imprensa brasileira instaurada no período de redemocratização.

5. O processo de redemocratização e a Nova República: interferência política na cobertura nacional

A partir de 1979, sob o comando do general Figueiredo, o Brasil deu continuidade à abertura "lenta, gradual e segura", que tivera início no governo do general Ernesto Geisel. Do ponto de vista econômico, o país enfrentava a crise do "milagre econômi-

---

55 GLOBO. "*Times* destaca sucesso da TV Globo e direção de Roberto Marinho". Rio de Janeiro, I3 jan. 1987. p 5.

co", marcada pela inflação incontrolável, pela queda das exportações e pelo alto endividamento externo. A instabilidade que se instalava no país, freava bruscamente o projeto de modernização e ocasionava um alto índice de impopularidade ao regime.

A ditadura definhava e o fim da censura para publicações e espetáculos, decretada em 1978, pelo governo Ernesto Geisel, permitia uma maior autonomia aos meios de comunicação. A Rede Globo, naquele momento, desfrutava de uma posição quase monopolista, conquistada facilmente pela falência da então concorrente TV Tupi. Mas seus elevados investimentos e seu tão apreciado padrão de qualidade não permitiam que o ingresso de novas empresas de comunicação ameaçassem sua soberania.[56]

No que diz respeito ao telejornalismo da emissora, sobretudo o praticado pelo *Jornal Nacional*, já era possível verificar algumas transformações. Segundo informa Lins da Silva (1985, p. 40), o clima de maior liberdade, atrelado ao sentimento de oposição ao regime, fez com que o telejornal adotasse uma postura mais crítica e condizente com as mudanças sociais.

Ficava evidente, entretanto, que o noticiário investia apenas em críticas fragmentadas e centradas nos problemas regionais, com foco estritamente pontual, apresentando-as de forma totalmente desvinculada do governo. Conforme esclarece Lins da Silva (1981, p. 51), qualquer notícia que tivesse aspecto favorável ao regime, era transmitida com entusiasmo, cercada de entrevistas com ministros competentes e sem a presença crítica da oposição. Já as notícias adversas em relação ao governo, como o aumento de preços, eram apenas registradas rapidamente.

Outro estudo realizado durante o período demonstra que o *Jornal Nacional* continuava investindo em uma agenda positiva ao governo. Em uma análise de seis edições do noticiário, realizada por Rezende (1985, p. 153), em janeiro de 1982, pode-se observar

---

56 Conforme informam Borelli e Priolli (2000, p. 69), em 1980, 75% da audiência nacional era cativa da programação da Rede Globo. Já em relação ao *Jornal Nacional*, sua audiência estava na casa de 60 milhões de telespectadores diários.

que o telejornal elevava o regime e concedia um espaço reduzido à oposição. Além disso, atesta o autor: "O telejornal privilegiava nitidamente as regiões ricas, tanto no noticiário nacional como internacional, refletindo toda a ordem econômica a que se submetia o Brasil nos planos internos e externos".

Também no plano da barganha política, atraída, provavelmente, por interesses econômicos e financeiros, a Rede Globo atuava como forte aliada da ditadura. Lima (2001, p. 146), em seus estudos sobre a relação da mídia com o poder, retoma três episódios que manifestam aquilo que o autor conceituou como omissão, distorção e promoção de informação proferida pela Rede Globo no campo político, visando interferir no meio, não somente de forma ideológica, mas também fraudulenta.

O primeiro refere-se às eleições para governador do Rio de Janeiro em 1982. O episódio político teve como autor principal o então candidato ao governo do estado do Rio de Janeiro na época, Leonel Brizola. A candidatura de Brizola, que havia regressado ao Brasil em 1979, logo após a conquista da anistia, não agradava a Rede Globo e tampouco o governo militar. Do lado da ditadura, a preocupação circulava ao redor das influências subversivas do candidato, já que ele fora o político mais contrário ao regime. Já em relação à Rede Globo, a confusão girava em torno do apoio à candidatura, previamente definida por Roberto Marinho, ao opositor de Brizola nas urnas, Wellington Moreira Franco (LIMA, 2001, p. 147).

Diante dessa conjuntura política, pode-se supostamente atribuir à emissora um papel relevante no esquema fraudulento, organizado, principalmente para impedir a eleição de Brizola. Segundo esclarece Lima (2001, p. 147), o esquema tinha por objetivo iniciar as apurações no interior do estado, onde o partido do governo tinha a maior intenção de voto, causando a ilusão de uma iminente derrota de Brizola.

Oferecendo subsídios ao esquema, a Rede Globo contava, na época, com a empresa Proconsult, organização encarregada de tra-

2 | O Jornal Nacional e as principais discussões políticas do país

balhar na contagem dos votos da eleição carioca. Para apurar os resultados, a Proconsult havia desenvolvido um *software*, sob o comando de um programador oficial da reserva do Exército, que era capaz de subtrair votos do Brizola e adicionar a Moreira Franco. O papel da Rede Globo seria então o de divulgar apenas o resultado da apuração oficial, aquela concedida pela Proconsult, conferindo legitimidade aos dados fraudulentos. Entretanto, o plano esbarrou nas ações desenvolvidas pelo *Jornal do Brasil*, em conjunto com as emissoras de rádio AM e FM, que criaram um serviço próprio de apuração, a partir dos boletins emitidos pelo Supremo Tribunal Eleitoral. Assim, o ingresso de outras empresas de comunicação no processo de apuração, resultou em dados totalmente diversos daqueles que eram mencionados pela Rede Globo.

Alertado sobre a suposta fraude, o próprio Leonel Brizola passou a realizar um trabalho paralelo de apuração, a partir de sua residência, o que ajudou a comprovar a trama. Apesar de a Rede Globo negar o episódio e tentar responsabilizar a Proconsult como única autora do incidente, o próprio depoimento de Roberto Marinho, ao jornal *The New York Times*,[57] ajuda a esclarecer o evento:

> Em um determinado momento, me convenci de que o Sr. Leonel Brizola era um mau governador. Ele transformou a cidade maravilhosa, que é o Rio de Janeiro, em uma cidade de mendigos e vendedores ambulantes. Passei a considerar o Sr. Brizola daninho e perigoso e lutei contra ele. Realmente usei todas as possibilidades para derrotá-lo na eleição.

Sem divergências ao relato de Marinho, verifica-se o depoimento do jornalista Luís Carlos Cabral, na época diretor regional de jornalismo da *Rede Globo* no Rio de Janeiro, quatro anos depois do ocorrido. Segundo Cabral, ele foi interpelado pelo pró-

---

57 RIDING, Alan. "One man's views color Brazil's eye". *The New York Times*, 12 jan. 1987 apud Herz, 1991, p. 108.

prio Roberto Marinho, cobrando claramente a posição ardilosa que os telejornais deveriam transmitir sobre a eleição:

> A voz cavernosa que eu só conhecia através das televisões agradecendo a prêmios, na maioria, recebidos artificialmente estava lá.
> — Quem era o responsável pelo jornalismo da Globo ontem à tarde?
> — Pelo jornalismo nacional, Eduardo Simbalista; pelo jornalismo local, eu mesmo, Luís Carlos Cabral.
> — É com você mesmo que eu quero falar. Você me desobedeceu.
> Confesso, não é vergonha: a mão tremia. Não era medo do desemprego. Era o terror de quem vê desabar sobre si, repentinamente, o próprio Spectro. Jung explica. Mas, sim: a voz era firme.
> — Dr. Roberto, se desobedeci foi involuntariamente.
> — Você me desobedeceu. Eu disse que não era para projetar e você passou o dia inteiro projetando, dizendo que o Brizola vai ganhar. Você me desobedeceu.
> — Mas, dr. Roberto, eu não podia desobedecer às ordens que não recebi. Projetei segundo a orientação de meus chefes.
> — E quem são os seus chefes?
> — Meus chefes são, pela ordem, Alice Maria, Armando Nogueira e Roberto Irineu.
> — Eles não são chefes coisa nenhuma. O chefe aqui sou eu e você me desobedeceu. Vai trabalhando aí, que na segunda-feira a gente conversa. Até logo (CABRAL, 1986 apud HERZ, 1991, p. 13).

A conduta adotada por Luís Carlos Cabral supostamente infringiu um mecanismo interno de censura que seguia os ditames do próprio dono da emissora, Roberto Marinho. O empresário Marinho supostamente articulou com o governo em turno que o papel da Rede Globo, naquele momento, era o de construir um impasse que seria julgado pela Justiça Eleitoral. Além disso,

2 | O Jornal Nacional e as principais discussões políticas do país

pretendia-se inserir, na mente da população, a ideia de que Moreira Franco ganharia a eleição. E, certamente, a Justiça Eleitoral daria vitória ao candidato dos militares. Não foi o que aconteceu. O golpe fracassou, foi desmascarado e Brizola ganhou a eleição.

Esse incidente deixou claro, sem qualquer tipo de especulação, o poder e a influência que a TV Globo possuía no campo político. Poder, inclusive, que foi reafirmado na declaração de seu fundador, Roberto Marinho, alguns anos depois:

> Sim, eu uso esse poder [...] mas sempre de maneira patriótica, tentando corrigir as coisas, procurando caminhos para o país e seus estados. Nós gostaríamos de ter poder suficiente para consertar tudo o que não funciona no Brasil. A isso dedicamos todas as nossas forças. [58]

Outro episódio importante que demarcou a influência da emissora em prol do regime, relatado por Lima, refere-se às greves ocorridas em Paulínia e no ABC paulista em 1983. O fato possuía um teor inusitado. Segundo esclarece Lima (2001, p. 149), era a primeira vez na história do sindicalismo brasileiro que operários de um setor considerado de segurança máxima entravam de greve. A reivindicação dos trabalhadores da Refinaria de Paulínia, que durou cinco dias, exigia o fim da rotatividade e a garantia de estabilidade no emprego.

Para obscurecer ainda mais o cenário, operários de outras refinarias da Petrobras e metalúrgicos do ABC (Santo André, São Bernardo e São Caetano) aderiram à greve, solidarizando-se com os trabalhadores da Petrobras. A explosão simultânea de greves levou a imprensa, inicialmente, à busca por uma cobertura maciça dos fatos. Entretanto, não tardou que o regime agisse duramente, lacrando os transmissores da *Rádio Bandeirantes* de São Paulo, no dia 8 de julho.

---

58 RIDING, Alan. "One man's views color Brazil's eye". *The New York Times*, 12 jan. 1987, apud Herz, 1991, p. 108.

Intimidadas com a atitude arbitrária e autoritária do governo, diversas emissoras de rádio e TV ignoraram a cobertura, com exceção da Rede Globo, que mantinha suas reportagens no ar. Todavia, vale lembrar, segundo esclarece Murilo C. Ramos, em seu estudo sobre a cobertura da imprensa na greve de 1983, que, apesar de continuar cobrindo a greve, a Rede Globo transmitia em seus telejornais uma visão negativa dos grevistas, minimizando suas ações, enquanto privilegiava as posições de crítica à greve, realizada tanto pelos executivos da Paulínia, como por membros do governo. Para compreender de que forma se efetivou o apoio da emissora ao governo nesse período turbulento, basta reler o relato de um dos editores do *JN* na época sobre a posição do veículo durante o episódio: "Aqui na Globo os bandidos não têm voz" (RAMOS, 1983, p. 35).

Um dos acontecimentos mais significativos foi a cobertura das eleições diretas em 1984. Sobre esse período, é unânime a posição de diversos pesquisadores que denunciaram a posição oficialista da emissora, omitindo e distorcendo fatos, com o intuito de manter os militares no poder.

Apesar dos impactos econômicos e do enfraquecimento dos governos militares na América Latina, uma ala da ditadura ainda desejava se manter no comando do país. Ao mesmo tempo, o Brasil se defrontava com uma profunda crise econômica, social e política, seguida do insucesso nas implantações de medidas que amenizassem o efeito avassalador dos altos índices de inflação e do elevado custo de vida para a maior parte da população.

Aquele representava o momento ideal para incutir no povo o desejo de mudanças, que, segundo a oposição, se efetivaria com as eleições diretas para presidente. Lima (2006, p. 75) lembra que foi a partir dessa realidade política e social, que os partidos de oposição se uniram e passaram a pressionar o Congresso para aprovar a emenda constitucional, proposta pelo deputado Dante de Oliveira, que previa eleições diretas para presidente da República, no ano de 1984. Os políticos que lideravam o movimento de eleições diretas faziam parte do Partido do Movimento Democrático Brasileiro (PMDB), do Partido dos Trabalhadores (PT) e do Partido Democrático Trabalhista (PDT). Os comunistas, por sua clandestinidade, abrigavam-se no PMDB.

Paralelamente ao desenvolvimento de forças antagônicas e contrárias ao regime, a campanha para a sucessão presidencial por eleição indireta conservava-se inabalável. Cada candidato tentava conseguir uma base de apoio dentro do círculo governamental. De um lado, estava o deputado Paulo Maluf, que contava com o amparo do general Golbery do Couto e Silva e do senador Roberto Campos, e, de outro, o candidato Aureliano Chaves, que tinha como aliado o general Ernesto Geisel e batalhava pelo apoio do general João Batista Figueiredo.

Em contrapartida, a campanha para as diretas alcançava um amplo consenso nacional. O governo perseguia um processo de conciliação e propunha eleições diretas para 1988, data que era rejeitada pela resistência. A população, liderada pelos movimentos oposicionistas, aclamava, em grandes comícios, eleições diretas imediatas.

A Rede Globo, por sua vez, via telejornal, ignorou a cobertura da campanha, não transmitindo os comícios e atos públicos, que se espalhavam rapidamente por diversos estados brasileiros. Segundo Lima (2001, p. 152), o *Jornal Nacional* ocultou completamente o comício de Curitiba, um evento político que mobilizou aproximadamente 50 mil pessoas.

Já em relação ao maior ato público pelas diretas, realizado na Praça da Sé, em São Paulo, que reuniu aproximadamente 300 mil pessoas, houve uma atuação tendenciosa e oportunista da emissora. Aproveitando a data do evento, 25 de janeiro, dia em que a cidade comemorava seu aniversário, o *Jornal Nacional* mostrou imagens do comício de forma distorcida, sem mencionar a comoção popular pelas eleições diretas para a Presidência da República. Rezende (2000, p. 124) recorda a escalada do noticiário aquela noite: "Um dia de festa em São Paulo. A cidade comemora seus

430 anos". Na transmissão da reportagem, Lima (2001, p. 152) lembra que o *Jornal Nacional* minimizou totalmente o ato político e ressaltou a presença de consagrados artistas populares, naquilo que a emissora categorizava como festa de aniversário da cidade.

Por fim, a Rede Globo deixou de transmitir com veracidade o terceiro grande ato público, realizado em 24 de fevereiro de 1984, que levou mais de 300 mil pessoas às ruas centrais da capital mineira. O *Jornal Nacional* do dia cobriu rapidamente as imagens da multidão e dos oradores, seguida de voz em *off*, que não retratava a magnitude da manifestação popular (LIMA, 2001, p. 152).

Foi somente em 10 de abril de 1984, que a Rede Globo mudou radicalmente sua postura, transmitindo, durante todo o dia, manifestações em prol das eleições diretas que ocorriam na cidade Rio de Janeiro. O crescimento da campanha das Diretas Já e a evolução do quadro político, que se acelerava em torno de mudanças imediatas, exigiram dos setores mais conservadores e do empresariado, que lutavam pelo processo de conciliação, a rápida revisão de sua postura. Estava nítido que já não era mais possível manter-se aliada ao regime e a Rede Globo remodelou seu discurso e renegociou apoios.

Segundo esclarece Herz (1991, p. 29), as eleições diretas representavam uma alternativa diante do confronto com o continuísmo radical, liderado pelo ex-governador de São Paulo, Paulo Salim Maluf. O apoio às Diretas Já também serviria como moeda de troca para uma conciliação que se processaria por meio de um canal seguro, do próprio Colégio Eleitoral.

Entretanto, no dia 25 de abril de 1984, a Emenda Constitucional Dante de Oliveira foi votada e derrotada sob grande expectativa dos brasileiros, obtendo 298 votos a favor, 65 contra e 3 abstenções. Devido a uma manobra de políticos contra a redemocratização do país, não compareceram 112 deputados ao plenário da Câmara dos Deputados no dia da votação. Instaurou-se, imediatamente, uma ruptura entre forças oposicionistas: aqueles que continuavam a batalha por eleições diretas imediatas *versus* aqueles

2 | O Jornal Nacional e as principais discussões políticas do país

que se articulavam na busca de uma solução conciliadora. Liderando as forças que lutavam por uma resolução apaziguadora, estava Tancredo Neves. O nome de Tancredo atraía a oposição e era indicado para derrotar a ditadura no próprio Colégio Eleitoral. As manifestações crescentes já se refletiam entre os quadros do governo e foram o suficientes para instaurar uma crise que resultou da divisão do partido dos generais, o Partido Democrático Social (PDS). A ruptura se deu em função de Paulo Maluf. Muitos políticos do PDS perceberam que não seria possível eleger Maluf. Assim, em 11 de julho de 1984, dissidentes do regime que não apoiavam a candidatura de Maluf, entre eles o presidente do próprio partido, José Sarney, abriram caminho para uma aliança com a oposição.

Ali surgia, liderada por José Sarney, a Frente Liberal do PDS, composta, sobretudo, por políticos conservadores como Antônio Carlos Magalhães, Marco Maciel, Aureliano Chaves, Jorge Bornhausen, entre outros. Em agosto de 1984, a Frente Liberal uniu-se ao PMBD com o intuito de lançar Tancredo Neves como candidato oposicionista ao Colégio Eleitoral e José Sarney como vice.

Conforme esclarece Herz (1991, p. 30), as forças conciliadoras lutavam pelo apoio da oposição, que ainda batalhava pelas eleições diretas, não aceitando a solução do Colégio Eleitoral. Para enfrentar o Colégio Eleitoral de maneira vitoriosa, a força de conciliação precisava incutir, sobretudo na população, a possibilidade de uma derrota, que significaria a manutenção do continuísmo radical. Foi então que os meios de comunicação de massa passaram a injetar na população o medo de que a conciliação não aconteceria senão via Colégio Eleitoral.

Nesse quadro, a aproximação entre Tancredo Neves e Roberto Marinho foi indispensável, uma vez que a Rede Globo começou a vender a ideia da conciliação como a solução mais adequada para o país. Os telejornais da emissora passaram a dar maior cobertura aos comícios e atos públicos onde Tancredo aparecia, apresentando-os como festas populares e democráticas. Não obstante, o *Jornal Nacional* passou a disseminar uma imagem negativa do candidato apoiado pelo governo, Paulo Maluf.

Segundo esclarece César Guimarães e Roberto Amaral (1988, p. 130), em seu estudo sobre o papel do *Jornal Nacional* nas eleições diretas, o noticiário passou a apoiar a candidatura de Tancredo Neves por meio de uma agenda de campanha, que mostrava valência positiva de Tancredo através de um jornalismo opinativo e interpretativo, no qual as qualidades políticas e pessoais do candidato eram reforçadas.

Em 15 de janeiro de 1985, Tancredo Neves foi eleito presidente da República Federativa do Brasil. A comoção popular foi transmitida pela emissora e pelo *Jornal Nacional* minuto a minuto. Ainda, o JN dava diariamente grande espaço ao presidente, cobrindo suas viagens ao exterior e as definições de ministério.

Os laços do novo presidente com a emissora tornavam-se patentes. Tancredo Neves comemorou sua vitória ao lado de Roberto Marinho e Antônio Carlos Magalhães, na residência que a Globo mantém em Brasília. Além disso, poucos dias após sua vitória, Tancredo anunciou Antônio Britto, um importante jornalista político da emissora, como seu secretário de imprensa e Antônio Carlos Magalhães, desde então dono da Rede Globo da Bahia, como seu novo ministro das Comunicações.

O apoio que Roberto Marinho dera à candidatura de Tancredo foi uma jogada política perfeita e funcionou como moeda de troca para o empresário. Com isso, não foi difícil fechar o cerco do presidente, sob a ameaça de lançar contra ele toda a força das Organizações Globo. O depoimento de José Sarney, ex-presidente da República, citado na biografia *Roberto Marinho*, de Pedro Bial, atesta claramente tal compromisso, expresso no processo de escolha do ministro das Comunicações:

> Tancredo o consultava, mas ele não indicava. Inclusive Tancredo falou: "Convide o Antônio Carlos Magalhães para o Ministério das Comunicações". E o doutor

Roberto Marinho disse a ele: "Não, presidente, o senhor convide". Então, quando soube que o Antônio Carlos seria o ministro das Comunicações, o Ulysses Guimarães disse ao Tancredo: "Hoje o PMDB rompe com você. É inadmissível que seja o Antônio Carlos. O PMDB rompe com o governo". Aí, o Tancredo bateu na perna do Ulysses e disse: "Olha, Ulysses, eu brigo com o papa, eu brigo com a Igreja Católica, eu brigo com o PMDB, com todo mundo, eu só não brigo com o doutor Roberto (BIAL, 2004, p. 315).

Com a morte de Tancredo Neves, antes mesmo de sua posse, em 21 de abril de 1985, seu vice, José Sarney, assume a presidência, instaurando a chamada Nova República. Esse período foi marcado por grande instabilidade política, já que o novo presidente perpetuou práticas próximas às dos militares, principalmente no que se referia à escolha dos ministérios. Foi também nessa fase que se instaurou uma grande tensão entre a imprensa e o governo. Para se ter uma ideia desse conflito, no que tange à relação entre as emissoras e a censura, Simões (220, p. 92) esclarece que, de 1985 até a promulgação da Constituição em 1988, o clima ainda era de repressão.

No telejornalismo, principalmente o praticado pela Rede Globo, o ambiente era de interferência direta, no qual o governo Sarney pressionava os telejornais da emissora para que eles se mantivessem afinados com os seus interesses. Armando Nogueira (ex-diretor de jornalismo da emissora) afirma em depoimento:

Sofri mais pressão na época da Nova República do que na época do regime militar, até porque nessa época todos nos sabíamos que estávamos censurados mesmo, e segundo porque os militares (por falta de ideologia, por falta de alguém que verbalizasse o que porventura tivessem na cabeça) usavam muito pouco o veículo. Usavam mais para não deixar noticiar certas coisas do que para noticiar outras tantas [...] O governo Sarney usava para impedir que você noticiasse um lado e para noticiar massacrantemente outro lado. No episódio da disputa por quatro ou cinco anos de mandato, o Planalto exerceu sobre a Globo uma pressão sufocante. Obviamente que havia também uma cumplicidade da alta direção da empresa (VIEIRA, 1991, p. 91).

Conforme esclarece Ramos (2005, p. 69), sob pressão da Rede Globo, a comunicação social foi a única área a não ter relatório final levado à consideração da Comissão de Sistematização e, quando se produziu o acordo para a redação final do que seria o capítulo da comunicação social da Constituição de 1988 – artigos 220 a 224 –, ele veio repleto de absurdos normativos, conforme descreve o autor:

> a exigência de que as outorgas de rádio e televisão, para ser efetivadas, teriam que ser aprovadas, sucessivamente, pela Câmara dos Deputados e pelo Senado Federal; a exigência de que a cassação de uma concessão de rádio e televisão só se daria mediante a aprovação de dois quintos dos membros do Congresso Nacional, em votação nominal; a constitucionalização dos prazos de duração das outorgas de rádio, 10 anos, e televisão, 15 anos, renováveis indefinidamente. Neste último dispositivo, de aparência inócua para o observador menos avisado, a consagração do caráter privado, de fato, das concessões de rádio e televisão (2005, p. 70).

Santos e Capparelli lembram (2005, p. 87) que o governo Sarney foi marcado pela forte presença do clientelismo, por meio do qual o governo dava, em troca de apoio parlamentar, recursos do Estado e patronagem estatal. Nesse sentido, os canais de televisão e de rádio funcionavam como moeda de troca concedida aos parlamentares.

Das 1028 concessões distribuídas, 82 se referiam à televisão. Destas, 43 foram distribuídas no ano da votação da emenda constitucional, sendo 30 divididas entre parlamentares de partidos aliados ao Governo. Assim, o número de parlamentares proprietários de veículos de radiodifusão subiu de 55 para 146, totalizando 26,1% dos 559 constituintes. Além do apoio ao mandato de cinco anos, o Ministro e o Presidente também agiram em benefício próprio autoconcedendo, respectivamente, sete e três concessões de geradoras de TV (2005, p. 88).

Importante pontuar que as relações entre o governo Sarney e os meios de comunicação de massa não se reduziram apenas a uma política clientelista, embasada na troca de favores. Com Roberto Marinho, por exemplo, os vínculos ultrapassaram laços de simples amizade. A família Sarney era sócia do empresário em uma rede de emissoras de televisão afiliadas da Rede Globo no Maranhão. Foi, supostamente, com base nessa relação que, em 1988, Sarney submeteu a nomeação de seu ministro da Fazenda à aprovação de Roberto Marinho, conforme relatou o próprio ex-ministro, Maílson da Nóbrega, anos depois, em entrevista para a revista masculina *Playboy*. Conforme segue no trecho abaixo:

> *Playboy*: Mas, voltando na história, que traz tantas dicas para o presente, como o sr. se tornou ministro da Fazenda?
> *Maílson*: em dezembro de 1987 eu era o secretário-geral do Ministério da Fazenda e o ministro era o Bresser Pereira. Um belo dia, ele se demitiu e o presidente José Sarney me convidou para assumir interinamente. Ele me disse: "Vai tocando enquanto decido o que fazer". [...] Fui convidado pelo [jornalista] Paulo Henrique Amorim para fazer um pingue-pongue ao vivo no *Jornal da Globo*. A entrevista repercutiu pra burro. No dia seguinte, o presidente me ligou dizendo que tinha gostado

muito. [...] Conversei umas 6 horas com o presidente. Ele me convidou, mas disse que nada poderia ser anunciado porque precisava aparar algumas arestas.
P: Disse quais eram?
M: Não, mas a aresta era o Roberto Marinho, que tinha outro candidato para o cargo [...].
P: Quem lhe contou?
M: Eu deduzi. Naquele dia, de volta a Brasília, fui ver os noticiários, e não tinha saído nada no *Jornal Nacional*. Nada. [...]
P: O senhor reagiu, se articulou?
M: Sinceramente, não. O presidente tinha dito que o problema era dele. Continuei tocando. No dia 5 de janeiro de 1988, o presidente me ligou perguntando: "O senhor teria algum problema em trocar umas idéias com o Roberto Marinho?" "Respondi: "De jeito nenhum, sou admirador dele, até gostaria de ter essa oportunidade".
P: Nunca tinha conversado com ele até essa data?
M: Não. A Globo tinha um escritório em Brasília, no Setor Comercial Sul. Fui lá e fiquei mais de 2 horas com o doutor Roberto Marinho. Ele me perguntou tudo, parecia que eu estava sendo sabatinado. Terminada a conversa, falou: "Gostei muito, estou impressionado". De volta ao ministério, entro no gabinete e aparece a secretária: "Parabéns, o senhor é o ministro da Fazenda". Perguntei: "Como assim?" E ela: "Deu no plantão da *Globo*" [o Plantão do *Jornal Nacional*].[59]

Na mesma entrevista, o ex-ministro relata que foram também as Organizações Globo que conspiraram para sua queda. Segundo relata Maílson, o incidente começou, quando ele vetou um projeto de exportação de casas pré-fabricadas, de uma empresa da qual Roberto Marinho era sócio, para pagamento com títulos da dívida externa. A partir do episódio, o ex-ministro esclarece que

---

59 PLAYBOY. Entrevista com Maílson da Nóbrega, São Paulo, mar. 1999, p. 37-74, apud LIMA, 2006, p. 77.

2 | O Jornal Nacional e as principais discussões políticas do país

a Globo passou a fazer editoriais contra o Ministério da Fazenda, até a data em que o *Jornal da Globo* o demitiu. Segundo Maílson, deu na manchete: "*Inflação derruba Maílson – O interino que durou vinte meses*". [60]

Se as interferências políticas da emissora, no período Sarney, eram bem-sucedidas e aceitas pelo governo, êxito semelhante à Rede Globo desfrutava no plano econômico. Já no final da década de 1980, os índices de audiência abarcavam a marca de 70 pontos e o *Jornal Nacional* seguia serenamente sua liderança, alcançando a média de 60 pontos diários.

Em contrapartida, o país vivia um dos períodos mais turbulentos da história, assinalado pela grande recessão econômica e pela inflação na casa de 90% ao mês.[61] A população brasileira, exausta pela quantidade de medidas e pacotes econômicos fracassados, almejava mudanças. Não obstante, o fim da era Sarney representava para a população a possibilidade de eleger diretamente, pela primeira vez em 29 anos, o novo presidente do país.

6. Democracia e abertura política: as eleições presidenciais na pauta jornalística do *Jornal Nacional*

O ano de 1989 foi um marco na história política brasileira. Pela primeira vez, depois de 29 anos, a população elegeria, de forma democrática, o presidente do país. Além de representar o fim definitivo da ditadura, a eleição era dotada das mais populares características, como a permissão de voto aos analfabetos e aos jovens entre 16 e 18 anos.

O caráter distinto da eleição encontrava-se também no número acentuado de candidatos que concorreriam ao pleito, um

---

60 PLAYBOY. Entrevista com Maílson da Nóbrega., São Paulo, mar. 1999, p. 52 e 55, apud LIMA, 2006, p. 78.
61 PLAYBOY. Entrevista com Maílson da Nóbrega., São Paulo, mar. 1999, p. 52 e 55, apud LIMA, 2006, p. 79.

total de 22, dispostos da seguinte forma: Fernando Collor de Mello - PRN; Luiz Inácio Lula da Silva - PT; Leonel Brizola - PDT; Mário Covas - PSDB; Paulo Maluf - PDS; Guilherme Afif Domingos - PL; Ulysses Guimarães - PMDB; Roberto Freire - PCB; Aureliano Chaves - PFL; Ronaldo Caiado - PSD; Affonso Camargo - PDT; Enéas Ferreira Carneiro - Prona; José Alcides Marronzinho - PSP; Paulo Gontijo - PP; Zamir José Teixeira - PCN; Lívia Maria de Abreu - PN; Eudes Mattar - PLP; Fernando Gabeira - PV; Celso Brant - PMN; Antônio Gabeira - PPB; Manuel Horta - PC do B e Armando Corrêa - PMB.

A quantidade de concorrentes ao pleito transformou o fenômeno eleitoral de 1989 em um palco de disputas acirradas e ânimos alterados. Em função do número ostensivo de candidatos, os dados iniciais de campanha, divulgados pelo Instituto Brasileiro de Opinião Pública e Estatística (IBOPE), em 14 de março de 1989, apontavam Lula (PT) na frente das pesquisas, com apenas um ponto de vantagem na frente de Brizola (PDT), seguidos de um empate técnico entre os demais candidatos (LIMA, 2001, p. 213).

A conversão dos resultados, que ocorria gradativamente, atingiu o ápice no dia 07 de junho de 1989, conforme apontavam as pesquisas do Ibope. Em uma curva de crescimento acelerada, o candidato do Partido da Reconstrução Nacional (PRN), Fernando Collor de Mello, atingiu, nessa data, 43% das intenções de voto, exibindo, conforme afirma Lima (2001, p. 215), um crescimento superior a seis vezes, em apenas três meses.

A razão para a ascensão repentina de Collor, que consagrou sua vitória antecipada, se deu, conforme aponta Lima, em seu estudo sobre o primeiro turno da eleição presidencial de 1989, por meio da construção do cenário de representação política que favorecia o candidato do PRN. O Cenário de Representação Política (CRP), segundo o autor (2001, p. 55), foi construído especificamente pela Rede Globo, através das telenovelas, do

2 | O Jornal Nacional e as principais discussões políticas do país

telejornalismo, da divulgação de pesquisas e pela produção de imagens positivas do candidato.

Em entrevista à revista *Isto é*, publicada sob o título "Jorge Serpa Filho - o agente da Globo na sucessão", citada por Lima (2001, p. 224), o apoio da Globo ao candidato Collor surgiu em agosto de 1988, quando Serpa recebeu de Marinho a tarefa de articular a candidatura do favorecido pela emissora. Na ocasião, despontaram alguns nomes como Mário Covas e Collor, mas foi o último que passou a receber o apoio da emissora.

O atrativo da candidatura orientava-se em prol da carreira política do jovem candidato: oriundo da elite política nordestina, Collor esteve vinculado aos partidos republicanos mais conservadores: UDN, Arena e PDS. Além disso, seu voto em Paulo Maluf, nas eleições indiretas, denunciava suas relações com a ditadura (LIMA, 2003, p. 228).

Outro fator determinante residiu no fato de a família Collor ser detentora da afiliada Globo em Alagoas. Entretanto, a simpatia de Roberto Marinho pela candidatura de Collor efetivou-se quando em julho, num encontro na Europa, o empresário achou o candidato dinâmico e preparado para vencer e assumir a presidência do país. A partir daí, as declarações de Marinho, sobretudo na imprensa, davam indícios de sua tomada de posição. Em uma entrevista ao jornal *Folha de S.Paulo*, em 26 de julho de 1989, o empresário declarou que Collor era mais jovem, mais assentado, mais ponderado e mais equilibrado que os outros candidatos. E concluiu a entrevista, deixando claro que, se Collor prosseguisse no caminho, iria exercer influência máxima a favor dele (LIMA, 2003, p. 230).

Outro depoimento, publicado pela revista *Veja* (n. 1.091, p. 46-51), referenciado por Lima, faz alusão a tal aliança. Em um encontro de Roberto Marinho com Collor e os governadores Tasso Jereissati e Geraldo Mello, realizado no Rio de Janeiro, em 1º de agosto de 1989, o dono da Rede Globo ofereceu um solidário apoio à campanha, propondo-se a conversar pessoalmente com os donos de emissoras de televisão que ainda não favoreciam a candidatura.[62]

As relações da Rede Globo com Collor tornavam-se cada vez mais nítidas. Lima (2003, p. 230), ao estudar a agenda do *Jornal Nacional*, no período de julho a agosto de 1989, aponta a presença maciça do candidato nos noticiários da emissora. Segundo pesquisa do Instituto Datafolha, nos últimos 15 dias de julho de 1989, Collor ocupou, no Jornal Nacional, 16% do tempo, contra 7% de Brizola e 6% de Lula.

A posição favorável da emissora era tão visível, que se tornou inclusive tema de campanha do candidato Leonel Brizola (PDT). Isso porque, a Rede Globo, a partir de agosto do mesmo ano, passou a valorizar e transformar em supercoberturas, incidentes ou fatos negativos que se referiam aos candidatos Brizola (PDT) e Lula (PT). Segundo recorda Lima (2003, p. 236), o *Jornal Nacional* supervalorizou o incidente com Collor (PRN) em Niterói, atribuído a brizolistas, em 10 de agosto, e a desavença entre Brizola (PDT) e um repórter do SBT, em Mato Grosso, em 31 de agosto de 1998. Todavia, ignorou os problemas de Collor (PRN) com os seguranças e a imprensa em Recife. Além disso, a emissora continuou a investir pesadamente na exposição maciça do candidato, via telejornal.

Dotada de um poder persuasivo inigualável, conquistado pelos altos índices de audiência, que, em julho/setembro de 1989, atingiam a média de 59% em qualquer horário e 84% no horário nobre, não foi difícil para a emissora, por meio de seus produtos midiáticos, levar a candidatura de Collor (PRN) ao segundo turno (BORELLI e PRIOLLI, 2000, p. 50).

E foi no segundo turno que a ação persuasiva da emissora teve destaque. O *Jornal Nacional* foi acusado de promover uma

---

62 "De Roberto Marinho, o único empresário da faixa de um bilhão de dólares que já disse, em público, que apoia sua candidatura, Collor ouviu palavras amáveis: 'Collor, eu soube que há emissoras de TV que não lhe [sic] apoiam', disse o empresário. 'Quero que você me diga quem são, porque vou conversar com eles pessoalmente', ofereceu-se Roberto Marinho" (p. 46-51).

2 | O Jornal Nacional e as principais discussões políticas do país

edição facciosa do debate para a campanha à Presidência da República, em 15 de dezembro de 1989, feito que favoreceu o candidato Collor (PRN). Segundo analisa Walter de Souza Júnior (2003, p. 42), a edição mostrou-se favorável ao candidato Collor (PRN), que venceu o pleito quando as intenções de voto davam a vitória a Lula (PT) até as vésperas da eleição. Armando Nogueira, então coordenador da Central Globo de Jornalismo (CGJ), atribuiu a manipulação a Alberico Souza Cruz, que ascendeu na empresa após o episódio, assumindo inclusive o cargo de Nogueira, conforme segue:

> Todos os setores ligados à candidatura Collor passaram a desembarcar na TV Globo. A rigor, como a reação do Lula só ocorreu nos últimos 15 dias, eu só senti constrangimento nos últimos 15 dias e, sobretudo, na antevéspera com aquela famosa edição facciosa. Eu tinha o controle de uma edição do último debate, que foi a do *Jornal Hoje* [...] e depois pedi que a mesma edição, muito bem-feita, fosse ao ar também no *Jornal Nacional*. Me desliguei do assunto, mas fiquei sabendo que o Alberico Souza Cruz adulterou a primeira edição, à minha revelia, com o objetivo de ajudar o candidato Collor (VIEIRA, 1991, p. 90).

Eleito presidente, o apoio a Fernando Collor de Mello (PRN) persistiu nos telejornais da emissora e foi restaurado pouco antes de sua queda. Mauro Porto atesta em sua análise sobre o *JN* durante a fase do *impeachment* de Collor, que o noticiário foi omisso ao amenizar os problemas na base de sustentação do governo Collor durante a CPI, não deixar clara a relação entre as acusações contra Paulo César Farias e Collor, e, ainda assim, quando Lula foi convidado a falar sobre o assunto, o então ministro Ricardo Fiúza e o governador da Bahia, Antônio Carlos Magalhães, fizeram no *JN* uma leitura equivocada da fala de Lula, enfatizando que as acusações da oposição eram inválidas e ressentidas.

O *Jornal Nacional*, no dia 22 de agosto de 1992, colocou no ar pessoas que defendiam Collor e omitiu a passeata *pró-impeachment* em Alphaville. A cobertura do *Jornal Nacional*, segundo Porto (1997, p. 63), iria sofrer uma alteração somente em 26 de agosto de 1992, data em que foi efetuada a leitura do relatório da CPI (Comissão Parlamentar de Inquérito). Nesse dia, a emissora cobriu o evento ao vivo, durante seis horas ininterruptas, sem qualquer inserção publicitária.

Essa sucessão de fatos trouxe à emissora e, principalmente, ao *JN*, críticas severas, amplamente divulgadas em diferentes veículos de comunicação, ocasionadas por sua falta de isenção, omissão noticiosa ou intervenção política realizada por meio de sua linha editorial. Segundo Souza Junior (2003, p. 42), o episódio comprometeu decididamente a credibilidade do *Jornal Nacional*. Já em 1991, embora o telejornal mantivesse altos índices de audiência, o telespectador não atrelava itens como imparcialidade e neutralidade aos fatos narrados, conforme aponta pesquisa realizada pela *Vox Populi* e pela revista *Imprensa*, citada por Borelli e Priolli (2000, p. 69):

> com uma audiência cinco vezes maior do que a de seu mais próximo concorrente, não é considerado pelo público como o mais imparcial e o de maior credibilidade. [...] Com exceção [...] dos itens de produção técnica e ritmo-dinamismo, nos quais é incontestável a supremacia da TV Globo sobre as demais emissoras, o *Jornal Nacional*, líder absoluto de audiência em telejornalismo, perde de goleada para o *Jornal da Manchete*, que ocupa um discreto terceiro lugar no *ranking* dos telejornais, atrás do *TJ Brasil* de Boris Casoy. [...] a amostra concentra uma porcentagem maior de entrevistados de nível superior e classe socioeconômica A e B.[63]

---

[63] Revista *Imprensa*, São Paulo, jun. 1991.

2 | O Jornal Nacional e as principais discussões políticas do país

A perda sucessiva de credibilidade instaurou uma crise que, desde início dos anos 1990, preocupa a Rede Globo: a manutenção dos altos índices de audiência, sobretudo nos programas mais populares da emissora. Borelli e Priolli observam, nesse período, a instalação de uma nova configuração no cenário da emissora, marcado por um campo de lutas que garantisse a manutenção da sua hegemonia. Formava-se, segundo os autores, um novo contexto, no qual a Globo passava a disputar com os canais concorrentes, não somente audiência, como também verbas publicitárias (2000, p. 20).

A expansão do mercado audiovisual permitiu, entre outras coisas, a propagação e a inovação de diversos gêneros, especialmente no campo do telejornalismo. Novos formatos foram produzidos, com grande destaque para um que marcou época no próprio processo de desenvolvimento de uma linguagem comunicativa brasileira: o telejornal *Aqui Agora*, do SBT.[64]

Inaugurado em 1991, baseava-se no *Nuevo Diário*, da Argentina, e demarcava um novo estilo no telejornalismo brasileiro. Uma das estratégias de persuasão do veículo era a utilização de acontecimentos policiais para conseguir mais audiência. Recorria-se também a efeitos sonoros, como sirenes, para dar mais emoção. O jornal *Aqui Agora* "captou, já em sua fase inicial, uma estrondosa audiência, chegando a comprometer os altos índices do JN. A crise de credibilidade do telejornal encontrava também problemas na conservação da audiência, que já sentia", como esclarecem Borelli e Priolli, "um esgotamento da fórmula técnica do telejornal" (2000, p. 63).

Não foi por acaso que, na década de 1990, o telejornal passou a investir na composição de uma narrativa próxima ao melodrama, cuja regra central, conforme atesta o jornalista Eugênio

---

64 SBT, ou Sistema Brasileiro de Televisão, é um canal de televisão que foi fundado por Silvio Santos. Nas décadas de 1960 e 1970, comprava direitos de exibição de outros canais, entre eles da própria Rede Globo, para exibir seu programa de variedades. Foi somente em 1981 que Santos comprou o seu próprio canal, estabelecendo-se, desde então, como um dos principais concorrentes da Globo.

Bucci (1997, p. 67), baseava-se no conflito eterno entre o bem e o mal, culminando no tão popular "boa-noite". O estilo mais próximo do sensacionalista funcionou também para o esvaziamento político da editoria do *Jornal Nacional* que, ao tornar-se mais branda, contribuiu para a falta de debate nas eleições de 1994.

Na disputa presidencial de 1994, as intervenções e o apoio direto ao candidato do PSDB, Fernando Henrique Cardoso, pela Rede Globo, não suscitaram debates duradouros. Diferente da eleição anterior, não existia uma tomada de posição indiscreta com relação ao candidato tucano. Por outro lado, conforme atesta Antônio Albino Canelas Rubim, em sua análise sobre as eleições, não era preciso promover nenhuma manipulação declarada em prol de Fernando Henrique Cardoso (PSDB), como a do último debate entre Lula (PT) e Collor (PRN), em 1989. Segundo enfatiza Rubim, "uma cobertura quase isenta da campanha combinava-se com uma escandalosa publicidade do real no espaço jornalístico, com a vantagem de não contrariar a legislação eleitoral em vigor" (1999, p. 59).

No caso do *Jornal Nacional*, o apoio ao candidato Fernando Henrique Cardoso (PSDB) era sustentado basicamente por reportagens que promoviam o engrandecimento da nova moeda, o real, resultado de um plano econômico de base monetária que controlou o processo inflacionário, atribuindo todos os méritos ao candidato. O cenário promovido pelo telejornal era de grande estabilidade. O discurso acerca do Plano Real, conforme atesta Rubim (1999, p. 63), estava em conformidade com o cenário existente, não excluía os temas sociais, porém era condicionado a uma visão otimista da realidade, enaltecendo o fim da inflação e a estabilidade monetária.

O tempo dedicado às reportagens sobre o real sustentava a maior parte do noticiário. Lilian Rose Arruda (1995, p. 96), em análise do *JN* durante o período compreendido entre 25 de julho e 5 de outubro de 1994, destaca que, dos 90 telejornais transmitidos, 80 deles fizeram reportagens que citavam o Plano Real, de forma otimista e engrandecedora, segundo esclarece:

2 | O Jornal Nacional e as principais discussões políticas do país

O Real era o centro de todo processo eleitoral, Fernando Henrique era seu planejador e, se vitorioso, poderia aperfeiçoá-lo, Rubens Ricupero e o governo eram seu executor. Na execução do programa era necessário a energia e o *Jornal Nacional* não deixava de atribuí-la ao governo [...].

Defendendo a mesma hipótese, Antônio Fausto Netto, em estudo sobre o *Jornal Nacional* e o *TJ Brasil*, nas eleições do mesmo ano, concluiu que os telejornais estabeleceram, através de estratégias de agendamento, a construção da candidatura de Fernando Henrique Cardoso (PSDB). Para o autor, o *JN* insistia em denegrir a imagem do candidato Lula (PT), buscando aproximá-lo da figura de um personagem despreparado, segundo cita em pesquisa:

> Se Lula puxa uma carreata, FHC faz algo mais nobre; segue os passos de JK. Se FHC dá mostra de sua erudição (dá entrevista à TV Suíça), Lula faz política em reduto brizolista. Se a FHC chegam apoios, a Lula só resta falar aos empresários para tentar possíveis adesões. Se Lula faz política, FHC trabalha e faz poesias. De um lado, Lula se apura em pelejar com o governo, ao mesmo tempo que FHC esbanja tranquilidade.

Nas eleições de 1994, o *Jornal Nacional* sempre reservava em sua agenda um espaço privilegiado para os membros do governo ligados à área econômica, para enaltecer os acertos do plano Real. Foi exatamente em um desses episódios, após o então ministro da Fazenda Rubens Ricupero conceder uma entrevista ao vivo no *Jornal Nacional*, que a trama da Rede Globo na eleição de 1994, foi desmistificada.

Em uma conversa em *off* entre o ministro da Fazenda e o repórter Carlos Monforte, captada possivelmente por antenas parabólicas, o ministro admitia esconder índices de inflação, quando a taxa era desfavorável ao governo. Enfatizava também, a relação da Rede Globo com Fernando Henrique Cardoso (PSDB):

"Eu não tenho escrúpulos. O que é bom a gente fatura; o que é ruim a gente esconde [...] Para a Rede Globo foi um achado. Em vez de terem que dar apoio ostensivo a ele (FHC), botam a mim no ar e ninguém pode dizer nada". Após ter dado entrevista para o *JN* e para o *Jornal da Globo*, Ricupero dizia estar disponível para outros programas, inclusive o *Fantástico*. Sobre a alta do IPC-r, índice calculado pelo IBGE (Instituto Brasileiro de Geografia e Estatística) disse o ministro ser o instituto um 'covil do PT'.[65]

O escândalo era irreversível e levou à queda do ministro. Ricupero formalizou seu pedido de demissão no mesmo dia em que sua conversa foi divulgada pela imprensa. A notícia da saída do ministro foi transmitida pelo Jornal Nacional, no dia 03 de setembro 1994, conforme reproduziu Arruda:

> Ontem à noite, ao conhecer as reações do PT às divagações e aos comentários que foram captados por antenas parabólicas, o ministro achou que não tinha condições de continuar e fez uma reflexão que diante de um repórter de seu círculo familiar falara demais e perdera a condição de ficar tocando o Plano Real. Hoje de manhã acrescentou mais um ponto de reflexão, que o Plano Econômico é mais importante que o ministro.

O incidente não produziu qualquer efeito sobre os resultados das eleições, e Fernando Henrique Cardoso (PSDB) foi eleito presidente do país, ainda no primeiro turno. Já em 1995, no primeiro ano de seu mandato, Fernando Henrique Cardoso (PSDB), atendendo aos desejos dos radiodifusores, separou rádio e televisão de telecomunicações, na emenda constitucional que permitiu a privatização da TELEBRAS. Sobre a proposta, Ramos (2005, p. 69) informa que a ABERT (Associação Brasileira de Rádio e Televisão), em parceria com a Rede Globo, conseguiu extrair a radiodifusão do órgão regulador das telecomunicações,

---

[65] FOLHA de S.Paulo, 3 set. 1994, p. 37-74, apud ARRUDA, 1995, p. 105.

que entrava em substituição à Lei nº 4.117/62, criando, na visão do autor, uma situação normativa absurda, já que rádios e televisões abertos permaneceram regulamentados pela lei antiga e pelo Ministério das Comunicações, ao passo que todo o segmento de televisão e rádio por assinatura passava a ser regulamentado pela nova Lei nº 9.472/97, a Lei Geral de Telecomunicações e pela recente Agência Nacional de Telecomunicações.

Em contrapartida, o telejornalismo da Globo, sobretudo o praticado pelo *Jornal Nacional*, adotava uma editoria política mais branda, que excluía temas econômicos vinculados ao governo. Mauro Porto,[66] ao analisar 24 edições do *Jornal Nacional*, entre junho de 1995 e agosto de 1996, pontuou as modificações do noticiário, que passou a privilegiar a criminalidade, a violência e o *fait divers*, em detrimento da política. Segundo esclarece Porto (2002, p. 18), o noticiário apelava para uma cobertura mais populista e menos política, na qual a participação do cidadão comum ocupava o espaço das fontes oficiais do governo, como membros do Congresso e do Judiciário. Foi também no ano seguinte, em 1996, que o *Jornal Nacional* teve sua mais significativa alteração. Com o intuito de melhorar a imagem desgastada do noticiário, face às diversas interferências no campo político, a emissora decidiu modificar sua estrutura estética. Começou pela dupla de apresentadores. Cid Moreira e Sérgio Chapelin, apresentadores do noticiário desde sua fase inicial, havia se tornado marca do telejornalismo, uma referência quase familiar à população, cujas imagens públicas acabaram confundindo-se com o próprio telejornal.

No processo de mudança, a empresa elegeu como substitutos dos apresentadores o jornalista William Bonner, que assumiu os assuntos internacionais, ao lado de Lilian Witte Fibe, editora de assuntos econômicos. Essa dupla se desfez, em fevereiro de 1998, quando Lilian deixou o *JN* por causa do seu baixo grau de empatia com a audiência (REZENDE, 2000, p. 142).

---

66 PORTO, M. P. Novos apresentadores ou novo jornalismo? O *Jornal Nacional* antes e depois da saída de Cid Moreira. Brasília, *Comunicação e Espaço Público*, v. 5, n. 1/2, p. 9-31, 2002.

Na então obstinada busca pelos índices, em substituição à jornalista Lilian Witte Fibe, o *JN* escalou a dupla de apresentadores preferida pelo Ibope: o casal Fátima Bernardes e Willian Bonner (REZENDE, 2000, p. 46). Essas alterações eliminavam, mesmo que aparentemente, o tom oficialista do *JN*. Uma estética moderna, jovem, discreta e com ênfase na objetividade jornalística, permitia uma linha editorial mais amena,[67] que esteve também presente na campanha presidencial de 1998.

Nessa eleição presidencial de 1998, os candidatos que concorriam ao pleito eram oito, organizados por alianças partidárias que se estruturavam em torno de Fernando Henrique Cardoso (PSDB/PMDB/PFL/PPB/PTB), Luiz Inácio Lula da Silva (PT/PDT/PSB/PC do B), Ciro Ferreira Gomes (PPS/PL/PAN), Enéas Ferreira Carneiro (Prona), Ivan Moacyr da Frota (PMN), Alfredo Hélio Sirkis (PV), José Maria de Almeida (PSTU), João de Deus Barbosa de Jesus (PT do B), José Maria Eymael (PSDC), Teresa Tinajero Ruiz (PTN), Sérgio Bueno e Vasco de Azevedo Neto.

O cenário de campanha, para o então presidente e candidato à reeleição Fernando Henrique Cardoso (PSDB), tinha a mesma face da eleição de 1994, na qual seu maior adversário nas urnas era o candidato do PT, Luiz Inácio Lula da Silva. Por outro lado, a situação político-econômica do país em 1998 divergia significativamente quando da eleição anterior.

A economia brasileira sofria os impactos da crise dos chamados Tigres Asiáticos, desde outubro de 1997. Os problemas financeiros e as incertezas na política desses países geravam um clima favorável a movimentos especulativos contra as moedas locais. Foi assim que, em 27 de outubro de 1997, o Brasil enfrentou o momento de maior instabilidade, quando a Bolsa de Valores de São Paulo apresentou uma das maiores baixas no mundo (14,9%).

---

67 Segundo informa Rezende (1985, p. 152), junto com a troca de apresentadores, o *JN* tornou também a estrutura noticiosa mais amena, trocou notícias relevantes por reportagens lacrimosas, curiosidades do mundo animal, ou intermináveis inventários sobre a vida de celebridades.

2 | O Jornal Nacional e as principais discussões políticas do país

As intensas especulações contra o real, que ocorriam naquele momento, produziram uma vultosa saída de capital do país e uma perda de US$12 bilhões nas reservas internacionais. Para conter o problema, o governo tomou providências imediatas: aumentou os impostos, duplicou as taxas de juros (Taxa do Banco Central subiu de 20,7% para 43,4% ao ano) e adotou medidas para assegurar a manutenção de capital estrangeiro no país.

Os efeitos das medidas, intensificados pela redução da atividade econômica no país e pelo aumento do desemprego (segundo o Departamento Intersindical de Estatística e Estudos Socioeconômicos – Dieese, a taxa de desemprego saltou de 16,5%, em outubro de 1997, para 19,0%, em junho de 1998, na Grande São Paulo),[68] tiveram impacto direto sobre a população.

Para obscurecer ainda mais o cenário, uma nova crise, desencadeada pela Rússia, atingia a economia mundial, no segundo semestre de 1998. Enfrentando uma situação dramática, com *déficit* público crescente e perdas de reservas, o governo russo anunciou uma moratória e a desvalorização do rublo, causando pesadas perdas para os investidores internacionais. Assim, ao longo do segundo semestre de 1998, a economia mundial conviveu com as mazelas decorrentes da crise da economia russa e seus impactos sobre as bolsas de valores e as perspectivas de insolvência de outras economias periféricas, notadamente da América Latina.

A cada nova crise mundial, tornavam-se visíveis as contradições sociais da política neoliberal adotada pelo governo Fernando Henrique Cardoso (PSDB). O sociólogo Francisco de Oliveira (2006, p. 37) esclarece que, atrelado à política neoliberal, houve um crescente número de desempregados no país, ressaltando que, entre 1989 e 1999, o índice saltou de 1,8 milhões para 7,6 milhões, e a taxa de desemprego foi de 3% para 9,6% da PEA (População Economicamente Ativa). Em relação à mão-de-obra assalariada, perdeu-se, desde 1990, a formalidade trabalhista, que foi

---

68 Texto elaborado pelo Dieese em 22 set. 1998. Disponível em: <http://www.dieese.org.br/esp/real/crisereal.xml>. Acesso em: 04 abr. 2008.

substituída por um elevado aumento de empregos informais. Segundo nos informa o sociólogo, nos anos 1990, a criação de postos de trabalho resumiu-se a empregos precários, sem formalização e com baixíssima remuneração. De cada cinco ocupações criadas, quatro estavam naquilo que se caracteriza como setor informal.

Foi diante de um quadro econômico e político de total instabilidade que o *Jornal Nacional* ingressou nas eleições de 1998. Em oposição às campanhas anteriores, notou-se que o noticiário dedicou tempo reduzido à cobertura política. Venício A. de Lima e Liziane Guazina (1998, p. 59), em estudo realizado sobre o agendamento e o enquadramento do *Jornal Nacional*, no período de março a junho de 1998, confirmam a redução, apontando uma sensível diferença do espaço dedicado à política naquele período.

Todavia, mesmo reduzindo significativamente o espaço da editoria política, o apoio à reeleição de Fernando Henrique Cardoso (PSDB) ocorria por meio de uma estrutura noticiosa governista, que realçava os problemas do Brasil, por exemplo: o desemprego, a fome, etc., de forma totalmente dissociada do governo. Além disso, a estrutura noticiosa do *JN*, segundo análise de Porto (2002, p. 20), no período anterior à eleição, silenciava aspectos negativos do governo Fernando Henrique Cardoso (PSDB) e ressaltava aspectos positivos, como a queda da inflação.

Sem divergências nos resultados, os estudos de enquadramento, realizados por Leandro Colling (2004, p. 133), durante o período eleitoral, demonstraram que a agenda política adotada pelo JN não prejudicou o governo e o candidato à reeleição Fernando Henrique Cardoso (PSDB). Isso ocorria, principalmente, porque o *JN* abordava os problemas do país a partir da visão do governo, sem atribuir as causas das dificuldades ao poder público. Ao contrário, segundo esclarece o autor (2004, p. 61), "o JN preferiu imputar estas responsabilidades ao conjunto da sociedade excluída de governo, ou aos setores não personalizados, como o 'mercado', por exemplo".

Colling (2004, p. 61) pontua que o Jornal Nacional atribuía mais legitimidade às fontes governamentais do que a outros

2 | O Jornal Nacional e as principais discussões políticas do país

membros da sociedade civil, impedindo a formação de espaços capazes de deslegitimar o discurso orquestrado. Ainda, segundo o autor, o *JN* favorecia a campanha de Fernando Henrique Cardoso (PSDB) ao ocultar aspectos negativos do país, como o desemprego, e enfatizar aspectos positivos, como a queda da inflação, e também por não divulgar resultados de pesquisa que indicavam o empate técnico de Fernando Henrique Cardoso (PSDB) e o candidato Luiz Inácio Lula da Silva (PT) nas intenções de voto (2004, p. 62). A estratégia adotada pelo noticiário girava em torno da descontextualização e da omissão dos problemas sociais, conforme verifica Colling (2004, p. 62):

> O *JN* silenciou sobre as causas dos saques promovidos pelo MST, as causas do desemprego, sobre o porquê dos problemas nas áreas da saúde e educação. Sobre estes três últimos temas, o *JN* limitou-se a chamar a atenção para o papel dos próprios cidadãos.

Com base nesses fatores, Colling (2004, p. 61) acredita que a maior parte dos telespectadores do *JN* não relacionou os problemas do país com o Governo Federal, evento que supostamente contribuiu para a reeleição de Fernando Henrique Cardoso (PSDB). Em se tratando da influência dos meios de comunicação de massa no cenário político brasileiro, durante a gestão Fernando Henrique Cardoso, essa não escapou dos moldes tradicionais, apresentados em campanhas anteriores. Veja-se o exemplo da Lei do Cabo, instaurada na primeira gestão do governo Fernando Henrique Cardoso (1994-1998), que visava, em um primeiro momento, rever as políticas de concessões dos serviços de telecomunicações e das geradoras do país, eliminando o então coronelismo existente, e acabou transformando-se em moeda de troca eleitoral.

No segundo mandato de Fernando Henrique Cardoso (PSDB), as autorizações percorreram dois caminhos: TVs educativas e públicas, e rádios comunitárias. Segundo informa o consultor Luiz Carlos Ferraz, da Sul Rádio, responsável pela construção do banco de dados de concessões, acredita-se que a partir de 1998, o Ministério das Comunicações tenha concedido licenças para abertura de 2,5 mil rádios comunitárias. O governo Fernando Henrique Cardoso (PSDB) também autorizou a criação de mais de 100 canais educativos, entre rádios e TVs. Um terço deles foi destinado a grupos políticos ou religiosos.[69]

Seguindo a linha denuncista, percebe-se que as irregularidades da gestão Fernando Henrique Cardoso (PSDB) ultrapassaram os fatos já pontuados. O jornalista Daniel Herz, citado por Dênis de Moraes (2003, p. 391), enumera uma série de evidências públicas e notórias das relações promíscuas entre os grupos que monopolizam a mídia e o governo FHC. Atentando apenas à Rede Globo, vale destacar o benefício concedido à emissora, em 1996, quando o ex-presidente isentou o grupo do pagamento da taxa de autorização para prestação dos serviços de TV por assinatura, via satélite (DHT), em oposição ao que ocorre com os serviços de rádio, televisão, TV a cabo e MMDS. Segundo o autor, o fato emergiu antes de o serviço estar regulamentado, ou seja, o serviço *Direct to Home* (DTH) surgiu na legislação brasileira no ato da outorga ao grupo Globo.

Outro fato enumerado por Herz refere-se aos aportes e financiamentos, no valor de R$695 milhões, que entre 1997 e 2002, as Organizações Globo teriam recebido do BNDES (2003, p. 393), possibilitando um investimento de R$284 milhões na Globo Cabo. O elevado compromisso financeiro da emissora, em nome da Globo Cabo, fez com que o Congresso retomasse a emenda de 1997, proposta pelo deputado Aloysio Nunes Ferreira, do PSDB, que alterava a Lei nº 222, e permitia a abertura de até 30% de capital estrangeiro na composição do controle das empresas jornalísticas e de rádio e televisão. A emenda foi levada à mesa da Câmara dos Deputados em 2000 para votação, e foi congelada

---

69 Relação nada casual. Revista *Carta Capital*, n. 401, 12 jul. 2006, p. 22.

2 | O Jornal Nacional e as principais discussões políticas do país

por pressões das próprias Organizações Globo, que não viam, naquele momento, interesse em investimentos estrangeiros (RAMOS, 2005, p. 71).

Em 19 de novembro de 2001, quando estourou a dívida da *holding* Globo Cabo, o assunto foi retomado por interesse da própria emissora. O então presidente da República, Fernando Henrique Cardoso (PSDB), concedeu audiência aos representantes dos principais grupos de comunicação do país, e comprometeu-se em apoiar a aprovação da Proposta de Emenda. Em contrapartida, Fernando Henrique Cardoso (PSDB) negou receber membros de entidades da sociedade civil que pretendiam lhe expor argumentos contra a medida.

No Congresso Nacional, intimidados com a pressão dos maiores grupos de mídia do país, o *lobby* governista, e os parlamentares da oposição, dos mais diversos partidos, entre eles do PT, PC do B, PSB e PPS, votaram a favor da PEC (Proposta de Emenda Constitucional). A proposta validada em 08 de maio de 2002 permitia, enfim, a abertura de empresas brasileiras ao capital estrangeiro, em até 30%, além da participação em até 100% das propriedades de mídia para pessoas jurídicas nacionais. Anteriormente, apenas brasileiros ou naturalizados há mais de dez anos podiam ser proprietários (ARBEX, 2003, p. 393).

Vale lembrar, conforme ressalta Ramos (2005, p. 70), que, durante a gestão Fernando Henrique Cardoso (PSDB), mais precisamente entre 1998 a 2000, o Ministério da Comunicação, passando por Sérgio Motta, Luiz Carlos Mendonça e Barros, Pimenta da Veiga e Juarez Quadros, liderou diversas tentativas de escrever uma nova lei reguladora de rádio e televisão. O então ministro Pimenta da Veiga, esclarece o autor, chegou a colocar um anteprojeto em consulta pública, e Juarez Quadros entregou ao governo de Luiz Inácio Lula da Silva (PT), no período de transição, no final de 2002, um novo anteprojeto, que jamais foi levado em consideração. Por trás dessa paralisia, estava o poder de pressão das Organizações Globo.

Quase no fim do segundo mandato de Fernando Henrique Cardoso (PSDB), em maio de 2002, quando o candidato à eleição presidencial Luiz Inácio Lula da Silva (PT) liderava as pesquisas, o BNDES (Banco Nacional de Desenvolvimento Econômico e Social) aprovou novo empréstimo, de aproximadamente 300 milhões de reais à Globo Cabo.[70] O pacote, apelidado de Proer da Mídia, que previa financiamento para as empresas de comunicação afundadas em dívidas, não surtiu os resultados esperados e, o candidato oficial do governo, José Serra (PSDB), não ganhou a eleição.

As eleições de 2002 demarcaram inovações não somente no campo político, com a vitória de Luiz Inácio Lula da Silva (PT), base opositora ao governo em turno, como também no telejornalismo da Rede Globo. No cenário das transformações, é importante ressaltar a cobertura ostensiva da campanha de 2002, promovida pela emissora. Diferentemente da eleição presidencial de 1998, quando a Globo esvaziou o discurso político eleitoral, a campanha de 2002 foi marcada pela superexposição dos candidatos (MIGUEL, 2004, p. 94).

No pleito, concorriam à presidência, os candidatos Luiz Inácio Lula da Silva (PT / PC do B / PL / PMN / PCB), José Serra (PSDB / PMDB), Anthony William Matheus Garotinho (PSB / PGT / PTC), Ciro Ferreira Gomes (PPS / PDT / PTB), José Maria de Almeida (PSTU) e Rui Costa Pimenta (PCO). O cenário adverso para José Serra (PSDB), candidato do governo, focava-se no desgaste de Fernando Henrique Cardoso (PSDB), ocasionado, principalmente, pela instabilidade econômica e pelo agravamento dos problemas sociais do país, como o desemprego.

Por outro lado, o maior adversário de Serra (PSDB), o candidato Lula (PT), investia pesadamente em uma campanha político-mercadológica, que trazia como tema central a mudança do cenário político-econômico, sem, entretanto, subverter a ordem vigente, conforme sugeria o próprio slogan da campanha:

---

70 Relação nada casual. Revista *Carta Capital*, n. 401, 12 jul. 2006, p. 22.

2 | O Jornal Nacional e as principais discussões políticas do país

"Lulinha, paz e amor". Visando fortalecer mais a campanha, Lula (PT) adotou uma política de alianças que, além dos aliados tradicionais, como o PC do B, PCB e o PMN, contava também com partidos de direita, como o PL e facções do PMBD e do PFL.

O candidato petista possuía ainda a força financeira de seu vice, o empresário e senador José Alencar, que se filou ao Partido Liberal para compor a chapa, seguindo as instruções do profissional de marketing Duda Mendonça. A composição da dobradinha Lula/José Alencar foi realizada por Duda com o intuito de fazer alusão entre o trabalho e o capital. Além disso, os estrategistas de Lula (PT) promoveram uma mudança marcante na sua imagem, desenvolvendo um candidato que rompia com o personagem apresentado nas eleições anteriores de 1989, 1994 e 1998.

De maneira diversa das demais campanhas, o candidato Lula (PT) encontrou em 2002 uma imprensa disposta a proporcionar uma cobertura repleta de notícias, pesquisas e debates sobre o pleito. O *Jornal Nacional*, por exemplo, conforme esclarece Luís Felipe Miguel (2004, p. 97), em pesquisa realizada num período de 12 semanas anteriores à eleição, de 13 de julho de 2002 a 5 de outubro de 2002, investiu na divulgação diária dos resultados de pesquisas, serviços e variedades. Os candidatos também estiveram mais presentes no telejornal, por meio dos dois ciclos de entrevistas que ocorreram no estúdio da emissora. Em números, das 84 edições do JN analisadas, Lula (PT) e Ciro Gomes (PPS) apareceram em 69, José Serra (PSDB) em 70 e Garotinho (PSB) em 72. Os dados comparativos entre 2002 e 1998, apresentados pelo autor, mostram a divergência nas coberturas:

> Em 2002, no período sob análise, o telejornal dedicou 46 minutos e 11 segundos às eleições nos estados, o que corresponde a 1,8% do tempo total [...] E 1 hora, 48 minutos e 48 segundos (4,1% do total) foram destinados a outros temas de política brasileira, incluindo movimentação no Congresso, conflitos de terra e de-

núncias de corrupção. Nas 12 semanas estudadas em 1998, as eleições estaduais estiveram ausentes quase por completo e a política brasileira foi uma categoria residual; juntas, não formaram mais do que 23 minutos e 49 segundos (1,4% do total) (2004, p. 97).

Todavia, mesmo uniformizando o tempo dos candidatos, a agenda do *Jornal Nacional*, na eleição presidencial de 2002, mostrou-se minimamente favorável ao candidato do governo, José Serra (PSDB). Leandro Colling (2004), em análise do *Jornal Nacional* durante o período eleitoral, propõe algumas hipóteses sobre a superexposição do candidato José Serra (PSDB), uma vez que os critérios de noticiabilidade do JN foram sustentados pelo número de compromissos políticos de cada um. Nesse sentido, José Serra (PSDB) foi beneficiado, uma vez que pertencera ao governo Fernando Henrique Cardoso (PSDB), atuando como ministro da Saúde. Outra temática do *JN*, apontada pelo autor, referia-se à tentativa de responsabilizar a crise econômica pela vantagem do presidenciável petista nas pesquisas de intenção de votos. Novamente, segundo informa Colling: "os responsáveis pela crise são fatores externos e não a política econômica de FHC".

Já a pesquisa desenvolvida por Mauro Porto, Rodrigo Figueiredo de Vasconcelos e Bruna Barreto Bastos, sobre a cobertura do *Jornal Nacional* no primeiro turno das eleições, utilizando o conceito de enquadramento, realizada durante o período de 1 de junho a 6 de outubro de 2002, aponta para um tratamento equilibrado entre os quatro principais candidatos, a saber: Lula, Serra, Garotinho e Ciro, ao passo que José Maria e Rui Pimenta tiveram um peso menor (2004, p. 74).

O estudo aponta também para um equilíbrio na valência das matérias, apresentando apenas uma imperceptível diferença para o candidato José Serra (PSDB), que teve uma cobertura mais positiva que os demais candidatos. Na exposição da crise econômica, o *Jornal Nacional* privilegiou as fontes oficiais do governo, como

2 | O Jornal Nacional e as principais discussões políticas do país

ministros, presidente, secretários e demais funcionários do Poder Executivo, e, ainda assim, quando os especialistas eram convidados a falar, geralmente, davam apoio às explicações do candidato José Serra (PSDB), segundo esclarecem os autores:

> É importante salientar que as matérias sobre economia com sonoras de fontes oficiais e/ou especialistas no assunto, geralmente, davam sustentação às interpretações do candidato José Serra. As matérias especiais sobre a evolução da economia na década de 1990 e sobre o Plano Real justificavam a política macroeconômica de juros altos e de câmbio sobrevalorizado adotada pelo governo Fernando Henrique (no caso do câmbio, até janeiro de 1999) como mecanismo indispensável para o controle da inflação e o processo mais amplo de estabilização da economia (2004, p. 79).

Nesse contexto, o *Jornal Nacional* abriu espaços para que os três principais adversários de Serra (PSDB) apontassem questionamentos e explicações sobre a situação econômica do país. Portanto, os enquadramentos da oposição, principalmente o do candidato Lula (PT), ganharam grande visibilidade no telejornal, uma vez que buscavam atribuir os problemas do país à desastrosa política econômica do governo Fernando Henrique Cardoso (2004, p. 78).

Os estudos de Luís Felipe Miguel (2004, p. 99) sobre as eleições de 2002 no *Jornal Nacional* vão ao encontro da pesquisa de Porto et al. e enfatizam o tempo equânime dado aos candidatos e a cobertura mais próxima da imparcialidade. Porém, para Miguel, o enquadramento dos candidatos foi determinado pela agenda do telejornal, que restringiu sensivelmente o espaço do campo político, ao extrair dos candidatos compromissos de continuidade com a política neoliberal vigente. A primeira das estratégias estava voltada à tentativa de fazer com que os candidatos assumissem, em âmbito nacional, alguns comprometimentos, como o pagamento da dívida externa e interna e o compromisso com o ajuste fiscal; já a segunda, dizia respeito ao silenciamento de algumas questões, como as negociações do Brasil com os Estados Unidos para a formação da Área de Livre-Comércio das Américas (ALCA), tema considerado crucial para as elites, como também para os candidatos de oposição, que realizavam naquele período um plebiscito nacional sobre o tema.

Apesar da diferenças apontadas na pesquisa de Porto e de Colling, ambas afluem no sentido de que o *Jornal Nacional* promoveu uma discussão política mais imparcial, deu maior visibilidade aos candidatos e promoveu uma agenda que, diversamente das demais eleições presidenciais, não causou transtornos à campanha de Luiz Inácio Lula da Silva (PT), que se tornou então presidente do Brasil.

A eleição presidencial de 2002 representou uma virada histórica para o Partido dos Trabalhadores e para Luiz Inácio Lula da Silva. Pela primeira vez, depois de três derrotas consecutivas, Lula (PT), retirante nordestino, que começou sua carreira como operário metalúrgico, atuou como sindicalista e chegou a candidato à presidência do PT, conquistou o cargo político mais importante do Brasil, a Presidência da República.

A eleição daquele ano trouxe também inovações para o público. E, talvez, a mais singular esteve relacionada ao tratamento concedido ao novo presidente pelo *Jornal Nacional*. Pouco depois de 24 horas do resultado oficial das eleições, que legitimou a vitória de Lula, ele foi convidado a sentar-se ao lado de Fátima Bernardes e William Bonner, e, de forma inédita, participou da apresentação do telejornal mais assistido do país. Durante uma hora e quinze minutos, Lula (PT), mostrando uma aparente familiaridade com o telejornal, respondeu perguntas e até finalizou o noticiário, com o célebre "boa-noite".[71]

---

71 Além da aparição no *Jornal Nacional*, o novo presidente concedeu entrevista somente para a Rede Globo após eleito; foi tema de uma reportagem especial do *Fantástico*, no domingo da vitória e do *Globo Repórter* da mesma semana.

2 | O Jornal Nacional e as principais discussões políticas do país

Toda a programação do telejornal no dia 28 de outubro de 2002, conforme atesta Vera Chaia (2004, p. 46), esteve ligada ao processo eleitoral e à vitória de Lula (PT). A história de vida do novo presidente, desde a luta como dirigente sindical até conquista presidencial, foi reverenciada pelo noticiário. Todavia, o culto ao recém-presidente era causador de um imenso estranhamento, uma vez que a Rede Globo, por repetidas eleições, utilizou o poder do noticiário naquilo que ficou conceituado como a construção de um enquadramento desfavorável ao candidato do PT.

Era notória, então, a mudança ocorrida no posicionamento político da emissora: da total falta de apoio ao candidato petista, visível nas eleições de 1989, com a edição facciosa do debate entre Lula e Collor e as exposições positivas do real e de Fernando Henrique Cardoso (PSDB) em 1994 e 1998, para a ratificação de sua eleição como presidente da República em 2002.

A transformação na conduta da emissora, da total aversão a Lula (PT) a um endeusamento de sua figura pelo *Jornal Nacional*, é reveladora de uma possível aliança entre a Rede Globo e o presidente, que se consolidou com base nos resultados eleitorais. Um fator apontado para essa conversão relacionava-se à crise financeira que afetava a emissora e tornava-a candidata a mais um empréstimo do Banco Nacional de Desenvolvimento Econômico e Social (BNDES).

Segundo matéria publicada em 6 de novembro de 2002, na revista *Carta Capital*, um dia após as eleições presidenciais que consagraram a vitória de Lula (PT), coincidentemente no mesmo 28 de outubro de 2002, a Rede Globo suspendeu, em um comunicado assinado pelo diretor-financeiro da empresa, Ronnie Marinho, o pagamento de parte de sua dívida externa, no valor de US$ 2,6 bilhões, dos quais US$ 2,2 bilhões eram representados em moeda estrangeira. Com a situação financeira extremamente instável, e sem respeitar os credores, a emissora foi classificada pela agência Standard & Poor's como altamente suscetível à inadimplência.

No campo dos vestígios, a criação da Ancinav é reveladora de novas pistas, sobre uma possível aliança inicial entre a Rede Globo e o governo Lula (PT). Em 2004, o Ministério da Cultura, sob o comando do ministro Gilberto Gil, retomou o projeto da Agência Nacional de Cinema e do Audiovisual (ANCINAV), realizado para que o Estado retomasse as responsabilidades de atuar como regulador do mercado audiovisual. Entretanto, o projeto previa interferência do governo na programação das emissoras, além da cobrança de um novo imposto, denominado Condecine, que atrelava o pagamento de uma taxa de 4% sobre o faturamento publicitário no cinema e na TV. Todas as redes de televisão questionaram a taxa, mas a maior prejudicada seria a Rede Globo. O dispositivo atingia em cheio os seus interesses financeiros, já que a emissora possui 51% de audiência e abarca 70% da verba publicitária do setor.

Preocupada com o caráter pouco lucrativo da proposta, antes mesmo de ser divulgado oficialmente pelo governo, a Rede Globo ingressou em uma batalha constante contra o anteprojeto. No dia 5 de agosto de 2004, o *Jornal Nacional* dedicou cinco minutos para atacar as propostas do Ministério da Cultura, acentuando que a agência poderia influenciar diretamente no conteúdo editorial das emissoras, desrespeitando a liberdade de expressão.

No dia 6 de agosto de 2004, foi a voz de Arnaldo Jabor que soou de maneira ofensiva contra o projeto. Insinuando uma tendência despótica do ministério, Jabor diz em crônica que o Governo Federal, durante o dia, finge ser liberal e, à noite, deixa apontar uma vocação autoritária.[72] As ondas de ataques ao ministro continuaram nos dias seguintes, comandadas pelos telejornais da emissora, formando uma espécie de conspiração contra Gilberto Gil, o que de fato impediu que a iniciativa fosse apresentada e explicada de forma clara à população.

Dessa forma, não tardou para que o projeto fosse derrubado. Segundo esclarece a revista *Carta Capital*, no dia 13 de janeiro de

---

72 O PODER e a mídia. Revista *Carta Capital*, 18 ago. 2004.

2 | O Jornal Nacional e as principais discussões políticas do país

2005, o Palácio do Planalto resolveu banir a parte fundamental do projeto que criava a Agência Nacional do Cinema e do Audiovisual. Em uma reunião da qual participaram nove ministros de Estado, todas as cláusulas relativas à regulamentação do setor, ponto que mais incomodava a Rede Globo, foram retiradas do texto. Por trás da ação, estava a diretora da emissora, Marluce Dias, que se empenhou pessoalmente na tarefa de convencer os integrantes do governo e os representantes do Conselho Superior de Cinema de que o projeto era autoritário e deveria ser barrado ou pelo menos que fossem extintas as cláusulas reguladoras.

Foi, assim, que a nova Agência Nacional de Cinema e do Audiovisual limitou-se a sobreviver na forma da existente Ancine (Agência Nacional do Cinema). Coube ao senador Aloísio Mercadante (PT) divulgar os novos acertos, que previam apenas atribuições de financiamento e fiscalização para o projeto, eliminando a polêmica proposta de regulamentação do setor audiovisual, que seria elaborada futuramente em um projeto da Lei Geral de Comunicação de Massa, sem data para ser enviado ao Parlamento.

Há aproximadamente duas décadas, ou seja, desde a Constituição de 1988, o Congresso tenta aprovar uma lei que regulamente a mídia no Brasil. Sem sucesso, as propostas perdem força, como aconteceu por diversas vezes no governo Fernando Henrique Cardoso (PSDB), pela ação direta dos grandes grupos de comunicação do país, sempre liderados pela Rede Globo. A pressão imposta pela emissora torna qualquer tentativa de regulamentação um assunto relegado ao governo sucessor e, assim, os interesses da Rede Globo acabaram prevalecendo nas decisões relativas à Comunicação no Brasil.

Vale lembrar a decisão adotada pelo ministro das Comunicações do governo Lula (PT), Hélio Costa, sobre a escolha do modelo digital de televisão, sistema que desde o início da discussão foi defendido pela Organizações Roberto Marinho. O modelo digital japonês, substituto do análogo, previa um investimento elevado, com pagamento de *royalties* aos japoneses, e ignorava os 50 milhões de reais já aplicados nas pesquisas realizadas pelas universidades brasileiras em defesa do modelo europeu.

Em depoimento concedido à revista *Carta Capital*, a professora Regina Porto, da Universidade Federal de Minas Gerais, esclarece as perdas da nova escolha, que, para ela, foi desastrosa e atendeu novamente aos interesses de grupos de comunicação que mandam no país. Para Porto, os grandes interesses venceram e apesar de nunca sabermos o que foi efetivamente negociado, a Rede Globo foi bem-sucedida.

Para João Hernandez Vieira, professor e consultor da SBTVD, a adoção do modelo japonês não passou de uma decisão política, defendida pelo ministro Hélio Costa e celebrada em parceria com a Rede Globo. Hélio Costa, que foi um dedicado funcionário da emissora por quase duas décadas, anunciou a novidade em junho de 2006, quase paralelamente à comunicação da reeleição do governo Lula (PT), que, apesar de liderar as pesquisas de intenções de voto, tinha como opositor Geraldo Alckmin (PSDB), apontado como um forte candidato nas urnas.

Por outro lado, os escândalos e as denúncias de corrupção envolvendo membros do Partido dos Trabalhadores, instaurados em torno da gestão petista, levaram o presidente Lula (PT) para as principais capas de jornais, revistas e telejornais do Brasil, naquilo que se caracterizou como uma exposição negativa do governo na mídia. A mídia brasileira, comandada pela revista *Veja*, contestava a ética e a integridade do presidente e colocava em xeque sua capacidade de gerir o país. Em meio a um tom sensacionalista, os meios de comunicação de massa despejavam uma quantidade volumosa de informações sobre falcatruas do governo, o que instigava ainda mais as especulações sobre a possibilidade de reeleição do presidente. A mídia brasileira, tomada por um furor aparentemente denuncista, seguiu como principal aliada na batalha contra Lula e o Partido dos Trabalhadores, dificultando qualquer contraste ou divergência de postura dos órgãos de imprensa.

2 | O Jornal Nacional e as principais discussões políticas do país

Foi diante desse cenário obscuro, em termos de conchavos e de desamparo entre a mídia e o poder político, que se desenvolveu o cenário das eleições presidenciais de 2006.

CONSIDERAÇÕES FINAIS

A televisão brasileira obteve, desde sua fase inicial, certa intimidade com o poder político. Ainda hoje, os governantes, em troca de apoio e visibilidade pública, outorgam concessões e benefícios aos proprietários de mídia, aprimorando uma relação de sujeição nomeada por novo coronelismo eletrônico (SANTOS e CAPARELLI).

A Rede Globo de Televisão soube aproveitar as oportunidades e despontou rapidamente como empresa oligopolista do setor de comunicação. Constituída em 1965, com base em elevados investimentos do grupo americano Time Life, tornou-se rapidamente emissora líder de audiência no Brasil. Para conquistar a simpatia do regime militar, a emissora apostava em uma grade de programação governista, visível especialmente nos seus telejornais.

O *Jornal Nacional*, mais antigo noticiário da emissora, exerce o papel de cúmplice das diversas interferências políticas desempenhadas pela Rede Globo no Brasil. Uma relação preliminar poderia incluir a interferência do telejornal na eleição presidencial de 1989, a controversa posição assumida pelo noticiário no *impeachment* de Fernando Collor de Mello, em 1992; o enquadramento favorável ao candidato Fernando Henrique Cardoso (PSDB), nas eleições presidenciais de 1994 e 1998, além da ênfase negativa conferida ao primeiro mandato de Luiz Inácio Lula da Silva (PT), quando o candidato tentava a reeleição em 2006.

O conceito de valência serviu como referência para inúmeros estudos sobre o *Jornal Nacional* e as coberturas eleitorais no

Considerações finais

Brasil. As categorias criadas pelo DOXA, laboratório de pesquisa em comunicação política e opinião pública, fazem alusão a padrões interpretativos que estariam embutidos nas reportagens, sob a forma de valências positivas, negativas e neutras.

Recorremos a essa categoria para identificar a valência predominante da *Caravana JN* nas eleições presidenciais de 2006. O projeto trazia no bojo um propósito emblemático: apontar os anseios da população nas cinco regiões do país, em um cenário político eleitoral marcado pela divergência entre os estados brasileiros na escolha dos candidatos Luiz Inácio Lula da Silva (PT) e Geraldo Alckmin (PSDB).

No decorrer da pesquisa, notou-se que a *Caravana JN* privilegiou a região Sul do país, ao transmitir imagens de beleza e desenvolvimento dos municípios, ao lado de um cenário repleto de miséria, pobreza e os mais diversos problemas sociais nas cidades da região Norte e Nordeste do Brasil. O Governo Federal era citado pelo apresentador Pedro Bial ou pela população entrevistada na maioria das reportagens que refletiam um cenário negativo dessas regiões.

Um exemplo dessa contradição encontra-se na forma como o tema educação foi veiculado nas regiões Norte, Nordeste e Sul. A cidade de Nova Pádua, no estado do Rio Grande do Sul, apareceu como melhor lugar para a criança viver e estudar. O foco dado pela equipe de Pedro Bial privilegiou a beleza das crianças, a boa dicção da professora e a organização do ambiente. No município do Riachão, estado do Maranhão, a falta de organização escolar, o descuido e despreparo das crianças, e o desânimo da professora compuseram o enquadramento adotado pela *Caravana JN* no Nordeste do país. O mesmo cenário foi exibido em Almeirim, no estado do Pará. O galpão danificado, que serve de escola e moradia para o professor, aliado à falta de material escolar, refletia a ênfase dada ao município.

A análise do cenário eleitoral nos diversos estados, que receberam a visita da *Caravana JN*, permitiu delinear certa tendência política do projeto. A vantagem política que o presidente e candidato à reeleição Luiz Inácio Lula da Silva (PT) obtinha em relação ao seu adversário Geraldo Alckmin (PSDB), nas urnas, era resultado da votação expressiva das regiões Norte e Nordeste. Já o candidato Geraldo Alckmin (PSDB) possuía maioria eleitoral nas regiões Sul e Centro-Oeste, ao passo que o candidato Lula (PT) somava pequena vantagem no Sudeste do país.

A popularidade que Lula (PT) conquistou nas regiões Norte e Nordeste do Brasil devia-se, em parte, aos projetos sociais implementados durante seu primeiro mandato, com destaque para o Bolsa Família, o ProUni e o Luz para Todos. Apontar um cenário repleto de problemas sociais, de certa forma, repercutiria negativamente na imagem do então presidente e candidato à reeleição Luiz Inácio Lula da Silva (PT).

A *Caravana JN* veiculou reportagens com aspectos negativos onde Lula (PT) obtinha sua maior popularidade. A valência positiva acontecia em municípios onde o candidato Geraldo Alckmin (PSDB) alcançava maioria eleitoral, ou em estados onde o PSDB possuía bom desempenho na disputa governamental.

Enquanto Lula (PT) ressaltava na sua campanha o desempenho do seu governo na área social, salientando os méritos do Bolsa Família, o sucesso dos programas educacionais implantados em sua gestão, os avanços na área de saneamento básico e energia elétrica no país, a criação de moradias e hospitais, o aumento do número de empregos, os investimentos em rodovias federais, entre outros benefícios, a *Caravana JN* parecia deslegitimar o discurso do candidato à reeleição.

Os temas veiculados pela *Caravana JN* exibiam as mais diversas mazelas da população, sobretudo no Norte e Nordeste do Brasil. A falta de emprego soava no discurso dos entrevistados, com imagens que refletiam a pobreza das moradias, a falta de saneamento básico, de energia elétrica, segurança, saúde e educação.

Às vésperas do primeiro turno eleitoral, após o escândalo do dossiê que envolvia assessores da campanha de Lula (PT) em

Considerações finais

novos esquemas de corrupção, a *Caravana JN* caminhava rumo às últimas reportagens na região Centro-Oeste do país. O escândalo foi noticiado em larga escala pela grande mídia e a *Caravana JN* não deixou de exibir reportagens em que o tema corrupção, ética e mudança política estiveram à frente da pauta jornalística.

Não obstante, como espaço de mediação, o *blog* da *Caravana JN* projetou o incômodo que a quantidade exaustiva de imagens negativas das cidades causou na população local, que expôs por diversas vezes seu descontentamento com o projeto. O tema enquadramento repercutiu inclusive na voz dos próprios telespectadores e moradores das regiões.

Nesse ínterim, é indiscutível o papel que a internet assumiu como ferramenta de democratização da informação, já que surgiu como um espaço de manifestação veraz e plural, contrária à edição do telejornal. Deve-se considerar, porém, que a televisão é detentora da hegemonia dos meios de comunicação de massa no cenário da comunicação brasileira. Enquanto a internet atinge a totalidade da elite brasileira, com 95% da chamada classe A fazendo uso do meio, 97% da população detém pelo menos um aparelho de televisão (AMADEU, 2006, p. 175).

Apesar de a internet despontar como um espaço novo da esfera pública, o alcance nacional da mídia televisiva ainda faz sua atuação ser significativamente expressiva no cenário de construção da política brasileira.

REFERÊNCIAS BIBLIOGRÁFICAS

AMADEU, Sergio. "Combates na fronteira eletrônica: A internet nas eleições de 2006?". In: Venício A. de Lima (Org.). A mídia nas eleições de 2006. São Paulo: Fundação Perseu Abramo, 2007.

AMORIM, Ricardo; POCHMANN, Marcio. Atlas da exclusão social no Brasil: classes sociais. São Paulo: Cortez, 2003. v. 1.

ANTUNES, Ricardo. A desertificação neoliberal no Brasil. 2. ed. Campinas: Autores Associados, 2005.

ALMEIDA, Valdério Cândido de. As paixões no telejornal: um percurso retórico. Um estudo do movimento das paixões na análise textual do telejornal Jornal Nacional. 2004. Dissertação (Mestrado em Língua Portuguesa) - Pontifícia Universidade Católica de São Paulo, São Paulo, 2004.

ARBEX Jr., José. "Uma outra comunicação é possível (e necessária)". In: MORAES, Denis de (Org.). Por uma outra comunicação. Mídia, mundialização cultural e poder. São Paulo: Record, 2003.

ARRUDA, Lilian Rose. O vôo das notícias: O Jornal Nacional e as eleições/94. 1995. Dissertação (Mestrado em Ciências Sociais) - Pontifícia Universidade Católica, São Paulo.

ÁVILA, Carlos Rodolfo Amêndola. A teleinvasão: a participação estrangeira na televisão do Brasil. São Paulo: Cortez, 1982.

BARROS Fº. Clóvis. Ética na comunicação. 4. ed. São Paulo: Summus, 2003.

BIAL, Pedro. Roberto Marinho. Rio de Janeiro: Jorge Zahar, 2004.

BOBBIO, Norberto. Os intelectuais e o poder: dúvidas e opções dos homens de cultura na sociedade contemporânea. São Paulo: Unesp, 1997.

BOBBIO, Norberto. Teoria geral da política - A filosofia política e as lições dos clássicos. Rio de Janeiro: Campus, 2000.

BOLAÑO, César. Mercado brasileiro de televisão. 2. ed. rev. e ampl. São Cristóvão: Universidade Federal de Sergipe; São Paulo: EDUC, 2004.

Referências bibliográficas

BORELLI, Silvia; PRIOLLI, Gabriel (Coords.). *A deusa ferida*: por que a Rede Globo não é mais a campeã absoluta de audiência. São Paulo: Summus, 2000.

BOURDIEU, Pierre. "É possível um ato desinteressado?" In: *Razões práticas*: sobre a teoria da ação. Campinas: Papirus, 1996.

BOURDIEU, Pierre. *O poder simbólico*. 2. ed. Rio de Janeiro: Bertrand Brasil, 1998.

BOURDIEU, Pierre. *Sobre a televisão*. Rio de Janeiro: Jorge Zahar, 1997.

BUCCI, Eugênio. *Brasil em tempo de TV*. São Paulo: Boitempo, 1997.

CHAIA, Vera. "Eleições no Brasil: o medo como estratégia política". In: RUBIM, Antônio Albino Canelas (Org.). *Eleições presidenciais em 2002 no Brasil*: ensaios sobre mídia, cultura e política. São Paulo: Hacker, 2004.

CHAIA, Vera. *Jornalismo e política*: escândalos e relações de poder na Câmara Municipal de São Paulo. São Paulo: Hacker, 2004.

CLARK, Walter. *O campeão de audiência*. 2. ed. São Paulo: Best Seller, 1991.

COHEN, B. C. *The press and foreign policy*. Princeton: Princeton University, 1963.

COIMBRA, Marcos. "A mídia teve algum papel durante o processo eleitoral de 2006?". In: LIMA, Venício A. de (Org.). *A mídia nas eleições de 2006*. São Paulo: Fundação Perseu Abramo, 2007.

COLLING, Leandro. "Os estudos sobre o *Jornal Nacional* nas eleições pós-ditadura e algumas reflexões sobre o papel desempenhado em 2002". In: RUBIM, Antônio Albino (Org.). *Eleições presidenciais em 2002 no Brasil*: ensaio sobre mídia, cultura e política. São Paulo: Hacker, 2004.

ENTMAN, R. M. "Framing: toward clarification of a fractured paradigm". *Journal of Communication*, New York, v. 43, n. 4, p. 293-300, 1994.

FAUSTO Neto, Antônio. A construção do presidente. Estratégias discursivas e as eleições presidenciais de 1994. *Pauta Geral*. Salvador, v. III, n. 3, 1995, p. 23.

FAUSTO Neto, Antônio. "Telejornais e a produção da política: estratégias discursivas e as eleições presidenciais de 1994". In: MOUILLAUD, M. (Org.). *O jornal*. Da forma ao sentido. Brasília: Paralelo 15, 1997.

GLEISER, Luís. *Além da notícia: o Jornal Nacional e a televisão brasileira*. 1983. Dissertação (Mestrado) - Escola de Comunicação da Universidade Federal do Rio de Janeiro, Rio de Janeiro.

GRANDES momentos do jornalismo da TV Globo: *Caravana JN*. São Paulo: Globo, 2006-2007. DVD. (Encarte.)

GUIMARÃES, Cesar; AMARAL, Roberto. "Brazilian television: a rapid conversion to the new order". In: FOX, Elizabeth (Ed.). *Media and politics in Latin America*. London: Sage, 1988. p. 125-137.

HERZ, Daniel. *A história secreta da Rede Globo*. Porto Alegre: Tchê, 1991.

JORNAL Nacional: a notícia faz história. Rio de Janeiro: Jorge Zahar, 2004.

JORNAL Nacional que você nunca viu, O. Revista *Veja*. São Paulo: Abril, ano 37, 1869, n. 35, 1º set. 2004.

IANNI, Octavio. "O príncipe eletrônico". In: DOWBOR, Ladislau; IANNI, Octavio, RESENDE, Paulo Edgar A.; SILVA, Helio (Orgs.). *Desafios da comunicação*. Petrópolis: Vozes, 2000.

JAKOBSEN, Kjed. "A cobertura da mídia impressa aos candidatos nas eleições presidenciais de 2006?". In: Venício A. de Lima (Org.). *A mídia nas eleições de 2006*. São Paulo: Fundação Perseu Abramo, 2007.

JORNAL Nacional – 15 anos de história. Rio de Janeiro: Rio Gráfica, 1984.

LEAL Fº., Laurindo Lalo. "A TV pública". In: BUCCI, Eugênio (Org.). *A TV aos 50*: criticando a televisão brasileira no seu cinqüentenário. São Paulo: Fundação Perseu Abramo, 2000.

LEAL Fº., Laurindo Lalo. Quarenta anos depois a TV brasileira ainda guarda as marcas da ditadura. In: Televisão. *Revista USP*. São Paulo: USP, n. 61, mar./maio 2004.

LIMA, Venício A. de. *Mídia*: crise política e poder no Brasil. São Paulo: Fundação Perseu Abramo, 2006.

LIMA, Venício A. de. *Mídia*: teoria e política. São Paulo: Fundação Perseu Abramo, 2001.

LIMA, Venicio A. de; GUAZINA, Liziane. Política eleitoral na TV: um estudo comparado do *Jornal Nacional* e do *Jornal da Record* em 1998. Trabalho apresentado no XXII Encontro Anual da ANPOCS. Caxambu, 27-31 de outubro de 1998.

LINS DA SILVA, Carlos Eduardo. *Muito além do Jardim Botânico*: um estudo sobre a audiência do *Jornal Nacional* da Globo entre trabalhadores. São Paulo: Summus, 1985.

MARCONDES Fº., Ciro. *Televisão*. São Paulo: Scipione, 1994.

Referências bibliográficas

MARQUES DE MELO, José. A opinião no jornalismo brasileiro. Petrópolis: Vozes, 1985.

MARTÍN-BARBERO, Jesus. "O medo da mídia – Política, televisão e novos modos de representação". In: DOWBOR, Ladislau; IANNI, Octavio, RESENDE, Paulo Edgar A.; SILVA, Helio (Orgs.). *Desafios da comunicação*. Petrópolis: Vozes, 2000.

MARTÍN-BARBERO, Jesus; REY, German. *Os exercícios do ver*: hegemonia audiovisual e ficção televisiva. São Paulo: Senac, 2001.

MATTELART, Armand; MATTELART, Michèle. *História das teorias da comunicação*. Porto: Campo das Letras, 1997.

McCOMBS, Maxwell. *Estableciendo la agenda*. El impacto de los medios en la opinión pública y en el conocimiento. Barcelona: Paidós Ibérica, 2006.

MIGUEL, Luís Felipe. "A descoberta da política: a campanha de 2002 na Rede Globo". In: RUBIM, Antonio Albino (Org.). *Eleições presidenciais em 2002 no Brasil*: ensaio sobre mídia, cultura e política. São Paulo: Hacker, 2004.

MORAES, Denis. *Vianinha, cúmplice da paixão*: uma biografia de Oduvaldo Vianna Filho. Rio de Janeiro: Record, 1994.

MORAES, Denis (Org.). *Por uma outra comunicação* – mídia, mundialização cultural e poder. Rio de Janeiro: Record, 2003.

O GLOBO. *Times destaca sucesso da TV Globo e direção de Roberto Marinho*. Rio de Janeiro, 13 jan. 1987. p. 5.

OLIVEIRA, Francisco de. "O momento Lênin". Revista *Novos Estudos*, n. 75, jul. 2006.

PODER e a mídia, O. *Carta Capital*, 18 ago. 2004.

PORTO, Mauro; VASCONCELOS, Rodrigo Figueiredo de; BASTOS, Bruna Barreto. "A televisão e o primeiro turno das eleições presidenciais de 2002". In: RUBIM, Antônio Albino Canelas (Org.). *Eleições presidenciais em 2002 no Brasil*. São Paulo: Hacker, 2004.

PORTO, Mauro. "As mídias e a legitimidade da democracia no Brasil". In: FAUSTO Neto, Antônio; PINTO, Milton José (Orgs.). *Mídia & cultura*. Rio de Janeiro: Diadorim, 1997.

PORTO, Mauro. "Interpretando o mundo da política: perspectivas teóricas no estudo da relação entre psicologia, poder e televisão". In: *Encontro Anual da ANPOCS*, 23, 1999, Caxambu, MG.

PORTO, Mauro. "Comunicação & política. Eleições: mídia, cenários, atores". In: Telenovelas e políticas: o CR-P da eleição presidencial de 1994. *Cebela*, v. I, n. 3, jul. 2005.

PORTO, Mauro. "Muito além da informação: mídia, cidadania e o dilema democrático". *São Paulo em Perspectiva*, v. 12, n. 4, p. 17-25.

PORTO, Mauro. "Novas estratégias políticas na Globo? O Jornal Nacional antes e depois da saída de Cid Moreira". In: *XXII Congresso Brasileiro de Ciências da Comunicação*. Rio de Janeiro, Universidade Gama Filho, 1999.

PRIOLLI, Gabriel. "Antenas da brasilidade". In: BUCCI, Eugênio (Org.). *A TV aos 50*: criticando a televisão brasileira no seu cinqüentenário. São Paulo: Fundação Perseu Abramo, 2000.

RAMOS, Murilo C. "A força de um aparelho privado de hegemonia". In: BRITTOS, Valerio; BOLANO, Cesar (Org.). *Rede Globo*: 40 anos de poder e hegemonia. 1. ed. São Paulo: Paulus, 2005.

RELAÇÃO nada casual. Revista *Carta Capital*, n. 401, 12 jul. 2006, p. 22.

REZENDE, Guilherme Jorge de. *O tele-espetáculo da notícia* – Análise morfológica e de conteúdo de uma semana (7 a 13 de janeiro de 1982) do Jornal Nacional da Rede Globo de Televisão. 1985. Dissertação (Mestrado em Comunicação) – Universidade de São Paulo, São Paulo.

REZENDE, Guilherme Jorge de. *Telejornalismo no Brasil*. Um perfil editorial. São Paulo: Summus, 2000.

RUBIM, Antônio Albino Canelas. *Mídia e política no Brasil*. João Pessoa: UFPB, 1999.

RUBIM, A. A. C.; COLLING, Leandro. "Política, cultura e a cobertura jornalística das eleições presidenciais de 2006". In: GOULART, Jefferson (Org.). *Mídia e democracia*. São Paulo: Annablume, 2006.

SANTOS, Suzy; CAPPARELLI, S. "Coronelismo, radiodifusão e voto: a nova face de um velho conceito". In: BRITTOS, Valerio; BOLANO, Cesar (Org.). *Rede Globo*: 40 anos de poder e hegemonia. 1. ed. São Paulo: Paulus, 2005.

SAPERAS, Enric. *Os efeitos cognitivos da comunicação de massas*. Lisboa: Asa, 1987.

SIMÕES, Inimá. "Nunca fui santa. Episódios de censura e autocensura". In: BUCCI, Eugênio (Org.). *A TV aos 50*: criticando a televisão brasileira no seu cinqüentenário. São Paulo: Fundação Perseu Abramo, 2000.

Referências bibliográficas

SODRÉ, Muniz. *Televisão e psicanálise*. 2. ed. São Paulo: Ática, 2000.

SOUZA, Florentina das Neves de. *O Jornal Nacional e as eleições presidenciais 2002 e 2006*. 2007. Tese (Doutorado) – Escola de Comunicação e Artes, Universidade de São Paulo, São Paulo.

SOUZA Jr., Walter de. *O jornal das oito*: noticiário e melodrama no Jornal Nacional. 2003. Dissertação (Mestrado em Comunicação) – Universidade de São Paulo, São Paulo.

TRAQUINA, Nelson. *O poder do jornalismo, análise e texto da teoria do agendamento*. Coimbra: Minerva, 2000.

VIEIRA, Geraldinho. *Complexo de Clark Kent*: são super-homens os jornalistas? São Paulo: Summus, 1991.

WEBER, Maria Helena. "Comunicação e espetáculos da política". In. *Delitos estéticos* – espetáculos da política e da televisão. Porto Alegre: UFRGS, 1994.

WOLF, Mauro. *Teorias da comunicação*. Lisboa: Presença, 1995.

Sites e artigos

ANÚNCIO da Band declara guerra à Globo na cobertura eleitoral. Disponível em: <http:// www1.folha.uol.com.br/folha/.../ult90u62955.shtml>. Acesso em: 28 jun. 2009.

A QUEBRA da Santa Matilde. Disponível em: <http://www.jornaldocommercio.com.br/>. Acesso em: 24 ago. 2006.

ARTE e a manha da TV Globo, A. Disponível em: <http://observatorio.ultimosegundo.ig.com.br/artigos.asp?cod=298ASP027>. Acesso em: 3 jan. 2008.

BLOG da *Caravana JN*. Disponível em: <http://www.caravanaJN.globolog.com.br>. Acesso em: 10 jun. 2008.

CENTRO de Artes Ana das Carrancas. Disponível em: <http://www.petrolina.pe.gov.br/conteudo.php?id=18&sp=1&ss=pt>. Acesso em: 26 ago. 2008.

CHAIA, Vera. *Escândalos políticos*: parte do jogo. Disponível em:
<http://www.observatoriodaimprensa.com.br/artigos/iq201198d.htm>. Acesso em: 22 fev. 2008.

CRESCE a avaliação positiva do governo Lula. Disponível em: <http://sistemacnt.cnt.org.br/webCNT/default.aspx>. Acesso em: 13 jul. 2009.

DIMINUI a pobreza. Disponível em: <http://fgv.br/>. Acesso em: 14 jul. 2009.

ECONOMIA de São Félix. Disponível em: <http://www.saofelix.ba.gov.br/economia.html>. Acesso em: 25 ago. 2008.

EM 2006, Globo quis ganhar no grito e SBT silenciou. Disponível em: <http://www1.folha.uol.com.br/folha/ilustrada/ult90u67163.shtml>. Acesso em: 15 jun. 2009.

EVOLUÇÃO da intenção estimulada de voto na corrida presidencial. Disponível em: <http://datafolha.folha.uol.com.br/eleicoes/2006/2006_index.php>. Acesso em: 10 jun. 2009.

ESTAÇÕES Ferroviárias do Brasil. Disponível em: <http://www.estacoesferroviarias.com.br/p/pederneiras.htm>. Acesso em: 23 ago. 2008.

GOVERNADOR do MT aposta na candidatura de Alckmin. Disponível em: <http://www1.folha.uol.com.br/folha/brasil/ult96u77670.shtml>. Acesso em: 17 jul. 2009.

IBAMA imagina que incêndio na Serra da Canastra seja criminoso. Jornal O Estado de S. Paulo, 16 set. 2006.

JUAZEIRO do Norte: história, cultura, geografia e informações. Disponível em: <http:// www.ipece.ce.gov.br>. Acesso em: 10 jun. 2008.

LULA lança novos projetos sociais sob críticas. Disponível em: <http://www.bbcbrasil.com>. Acesso em: 2 jun. 2009.

LULA acerta ao radicalizar políticas de FHC, diz "pai" da Terceira Via. Disponível em: <http://www.bbc.co.uk/portuguese/noticias/story/2003/07/030715_giddenstp.shtml>. Acesso em: 10 jun. 2009.

MAGGI rei da soja em alta. Disponível em: <http://www1.folha.uol.com.br/folha/brasil/ult96u84620.shtml>. Acesso: 3 jun. 2009.

MEMÓRIA Roda Viva. Disponível em: <http://www.rodaviva.fapesp.br/materia/45/entrevistados/octavio_ianni_2001.htm>. Acesso em: 10 jun. 2009.

MISÉRIA em queda. Disponível em: <http://www.fgv.br/ibre/cps/>. Acesso em: 14 jul. 2009.

NA estrada com o JN. Disponível em: <http://www. blogdomarona.blogspot.com/.../JN-tenta-retomar-o-caminho-de-nibus.html>. Acesso em: 15 jun. 2009.

Referências bibliográficas

NOVA Pádua, no Rio Grande do Sul, registra 0% de analfabetismo. Disponível em: <http://jc3.uol.com.br/jornal/noticias/ler.php?canal=224&codigo=165084&dth=>. Acesso em: 20 ago. 2008.

PESQUISA de intenção de voto por região. Disponível em: <http://datafolha.folha.uol.com.br/>. Acesso em: 13 jul. 2009.

POPULARIDADE eleitoral na CNT/Sensus. Disponível em: <http://sistemacnt.cnt.org.br/webCNT/default.aspx>. Acesso em: 13 jul. 2009.

PREFEITURA de Tapejara. Disponível em: <http://www.tapejara.rs.gov.br/site/index.php?option=com_content&task=view&id=153&Itemid=2>. Acesso em: 20 ago. 2008.

PROSAMIN já beneficiou mais de 2 mil famílias. Disponível em: <http://www.prosamim.am.gov.br/>. Acesso em: 29 ago. 2008.

QUADRO da Organização Mundial da Saúde para controle do tabaco. Disponível em: <http://jcrs.uol.com.br/home.aspx>. Acesso em: 20 ago. 2008.

RECORD News. Roberto Requião: entrevista. Brasília, 28 jan. 2008. Entrevista concedida ao programa Brasília ao vivo. Disponível em: <http://www.recordnewstv.com.br/imprensa/interna.asp?p=23>. Acesso em: 5 mar. 2009.

REQUIÃO inesquecível: ataca Globo, Folha, CBN, Miriam, Bial. Disponível em: <http://www2.paulohenriqueamorim.com.br/?p=9182>. Acesso em: 5 mar. 2009.

REGIÃO Sul dá ao governo Lula as piores avaliações de CNI/Ibope. Disponível em: <http://eleicoes.uol.com.br/2006/campanha/>. Acesso em: 10 jun. 2009.

SINO da Paz. Disponível em: <http://www.freirogerio.sc.gov.br/conteudo/?mode=pa&item=14559&fa=7&cd=8557&siglamun=freirogerio>. Acesso em: 20 ago. 2008.

Mídia impressa

GOVERNO Lula distribui TVs e rádios educativas a políticos. Jornal *Folha de S.Paulo*, 18 jul. 2006.

PODER e a mídia, O. Revista *Carta Capital*, 18 ago. 2004.

REQUIÃO não contemporiza. Revista *Carta Capital*, 19 nov. 2006, n. 481.

ANEXO A

Intenção de voto estimulado no primeiro turno
(Vários Institutos - 2006)

Instituto	Data	Lula	Alckmin	Heloisa Helena	Cristovam	Outros	Indecisos, Nulos e Brancos
Ibope	12-16. jan. 2006	41%	18%	10%	2%	4%	25%
Datafolha	1-2. fev. 2006	40%	21%	9%	1%	7%	22%
Sensus	6-9. fev. 2006	42,2%	17,4%	5,1%	-	14,1%	21,1%
Datafolha	20-21. fev. 2006	45%	20%	8%	1%	4%	22%
Ibope	8-11. mar. 2006	46%	22%	8%	-	2%	22%
Datafolha	16-17. mar. 2006	43%	25%	8%	1%	7%	16%
Datafolha	06-07. abr. 2006	43%	23%	7%	1%	8%	18%
Sensus	18-21. mai. 2006	42,7%	20,3%	8%	0,5%	4,5%	23,9%
Datafolha	23-24 mai. 2006	45%	22%	7%	1%	7%	18%
Ibope	5-7. jun. 2006	48%	19%	6%	1%	1%	24%
VoxPopuli	23-24. jun. 2006	45%	32%	5%	1%	-	17%
Datafolha	28-29. jun. 2006	46%	29%	6%	1%	1%	18%
Sensus	4-6. jul. 2006	44,1%	27,2%	5,4%	1,4%	1,9%	20%
VoxPopuli	8-12. jul. 2006	42%	32%	7%	1%	-	18%
Datafolha	17-18. jul. 2006	44%	28%	10%	1%	1%	15%
Ibope	22-24. jul. 2006	44%	27%	8%	1%	1%	18%
Ibope	29-31. jul. 2006	44%	25%	11%	1%	1%	18%
Sensus	1-4. ago. 2006	47,9%	19,7%	9,3%	0,6%	1,3%	20,9%
Datafolha	7-8. ago. 2006	47%	24%	12%	1%	1%	14%
Ibope	15-17. ago. 2006	47%	21%	12%	1%	1%	17%
Datafolha	21-22. ago. 2006	49%	25%	11%	1%	1%	13%
Sensus	22-25. ago. 2006	51,4%	19,6%	8,6%	1,6%	1%	17,7%

Referências bibliográficas

VoxPopuli	26-27. ago. 2006	50%	25%	9%	2%	-	14%
Datafolha	29. ago. 2006	50%	27%	10%	1%	-	12%
Ibope	29-31. ago. 2006	48%	25%	9%	1%	1%	16%
Datafolha	4-5. set. 2006	51%	27%	9%	1%	1%	10%
Ibope	5-7. set. 2006	48%	27%	9%	1%	1%	14%
Datafolha	11-12. set. 2006	50%	28%	9%	1%	1%	10%
Datafolha	18-19. set. 2006	50%	29%	9%	1%	1%	9%
Ibope	18-20. set. 2006	49%	30%	9%	1%	1%	9%
Datafolha	22. set. 2006	49%	31%	7%	1%	1%	10%
Ibope	20-22. set. 2006	47%	33%	8%	1%	1%	9%
Sensus	22-24. set. 2006	51%	27,5%	5,7%	0,9%	0,9%	13,5%
Ibope	24-26. set. 2006	48%	32%	8%	1%	1%	9%
Datafolha	27. set. 2006	49%	33%	8%	-	-	7%
Datafolha	29-30. set. 2006	46%	35%	8%	-	-	9%

Fontes: Datafolha, CNT-Sensus, Ibope e Vox Populis

ANEXO B

Paraibanos buscam água e acham
petróleo no sertão

12/02/2006 - 09h58
FÁBIO GUIBU
da Agência Folha, em Sousa (PB)
ROGÉRIO CASSIMIRO
Repórter fotográfico da Folha de S. Paulo

Na busca por água no semi-árido nordestino, trabalhadores rurais do sertão paraibano descobriram em suas terras uma riqueza que não imaginavam existir. Cavando poços na terra seca, em vez de água encontraram petróleo, a poucos metros de profundidade.

O primeiro poço, com 46 metros, surgiu há 24 anos, na zona rural de Sousa, a 430 km de João Pessoa. Nos anos seguintes, pelo menos outros três, perfurados em áreas vizinhas, também apresentaram indícios do óleo. Até agora, entretanto, as possíveis jazidas permanecem inexploradas.

O petróleo, retirado em latinhas penduradas por cordas ou arames, só tem servido para causar espanto aos vizinhos e curiosos que visitam os lavradores. O agricultor Crisogônio Estrela de Oliveira, 43, é o mais procurado.

No seu sítio, onde vive com a mulher e três filhos, Oliveira mantém o poço mais antigo e também o mais "produtivo" da vizinhança. O cano estreito de onde ele extrai o produto fica tapado por um pedaço de pano velho e escondido sob uma pedra, perto da pocilga.

Do buraco, sempre cercado de galinhas e bois, Oliveira mergulha a latinha e retira um líquido grosso, escuro e viscoso, com cheiro que lembra uma mistura improvável de tinta com gás.

É o petróleo, "de boa qualidade", segundo o diretor-presidente da CDRM (Companhia de Desenvolvimento de Recursos Minerais) da Paraíba, José Aderaldo de Medeiros Ferreira, 67.

De acordo com ele, há indícios de que o óleo possa estar presente não apenas no sítio de Oliveira e de seus vizinhos, mas também em uma extensa área de 1.400 km², conhecida como bacia sedimentar do Rio do Peixe.

Essa área, disse Ferreira, seria uma extensão da bacia do Apodi, região produtora de petróleo com 15 mil km , localizada no estado vizinho do Rio Grande do Norte.

Com base nessa suposição, o diretor da CDRM acredita que as possíveis jazidas paraibanas possam produzir até 20 mil barris por dia. "Evidentemente, não seria uma produção de impacto nacional, mas, para a região, representaria a estabilização", afirmou.

De acordo com ele, os seis municípios localizados na bacia do Rio do Peixe e os agricultores receberiam royalties pela exploração do petróleo em suas terras.

Até agora, porém, ninguém sabe nem sequer onde estariam as jazidas. O único estudo realizado na área, disse Ferreira, foi feito pela ANP (Agência Nacional de Petróleo), a pedido do governo estadual. O objetivo era detectar sinais de gás e óleo no solo.

Na pesquisa, afirmou, a potencial região produtora foi mapeada e dividida. De locais determinados, foram retiradas 1.800 amostras de terra a uma profundidade média de 70 cm. As amostras foram enviadas para análise no Rio de Janeiro e nos Estados Unidos, que "confirmaram os indícios".

O otimismo de Ferreira, contudo, ainda não contagiou os lavradores. Em Sousa, os agricultores continuam mais preocupados em plantar e conseguir água potável do que em sonhar com dinheiro fácil e rápido em suas mãos.

"Acho que a Paraíba vai ficar rica, mas, para mim, não sei não se vai sobrar algum", disse o lavrador Pedro Maria dos Santos, 44, dono de "uma tarefa de terra [3,5 hectares]" e que se proclama o "descobridor" do petróleo.

Santos afirma que, apesar de ter perfurado seu poço com sinais de óleo apenas em 2001, foi ele quem fez o alerta que levou à confirmação da presença de petróleo na região. "Por isso, o descobridor posso dizer que fui eu mesmo."

Esta obra foi impressa em sistema digital sob demanda e corresponde
ao consumo de 4,3 árvores reflorestadas sob a norma ISO 14001.
RECICLE SEMPRE.

Linear B
gráfica
www.linearb.com.br
Tel.(11)3812-2817